Tráfico
de Esclavos Negros
a Honduras

Colección CODICES
(Ciencias Sociales)

Tráfico
de Esclavos Negros
a Honduras

RAFAEL LEIVA VIVAS

editorial
guaymuras

Primera Edición: noviembre de 1982
Primera reimpresión: junio de 1987

Editorial Guaymuras, S. A.
Apartado Postal 1843
Tegucigalpa, Honduras.

Levantado de textos: Gloria Ochoa
Impresión: Rubén A. Rodríguez
Encuadernación: Georgina Amaya,
Reynaldo García y Eduardo Bustillo.
Carátula: Edmundo Lobo

NOTA PRELIMINAR

Esta es una pequeña historia documentada de Honduras, en toda la gama dimensional del tráfico de esclavos
negros, que se inicia con el acontecimiento del descubrimiento de Cristóbal Colón y como un elemento del delibe-
rado trasplante del Viejo Mundo.

La obra desea introducir la elaboración de una teoría
del sistema colonial, que dé cuenta de las condiciones del
tránsito de la economía minera a la economía agrícola,
traducido en el peso específico que tuvo aquel sector dentro de la economía colonial y que se nota en la subordina-
ción de los otros sectores económicos y de imponer una
peculiar división del trabajo al interior de este espacio: la
utilización de la mano de obra del indio y del negro
esclavos.

Sin que este trabajo buscara el propósito de problemas teóricos de una indudable importancia, lo cierto es
que surgen aspectos de candente actualidad: el nacimiento
del mercado, la coexistencia de una economía natural con
una economía monetaria y el modo de producción de un
sistema colonial. Aunque en forma imprecisa, sabemos
ahora de la virtual autosuficiencia de la economía colonial
y del arrinconamiento de las "formas" precapitalistas de
producción, como consecuencia de la innovación tecnoló-
gica asociada a la inyección masiva de mercurio en la
amalgamación de la plata y la naturaleza de la subordina-
ción de la agricultura frente a las exigencias del sector
minero.

A la importancia económica debe agregarse la gravita-
ción de la atracción de Europa hacia Honduras y el resto

del Caribe, por ser una entrada fortificada distante, por ser puerta de entrada y salida al comercio y su "civilización". No se le dio valor intrínseco, aun cuando los colonos encontraron en el azúcar y los minerales un medio para sus fortunas florecientes, pero fueron solamente otro aspecto del sistema colonial, porque facilitaron su retorno a Europa y recalcaron su dependencia.

Azúcar y oro significaron también esclavitud, verdadera revolución en el sentido de alterar los fundamentos de la sociedad indígena y negra y quebrar su poca continuidad y desenvolvimiento histórico.

La naturaleza de este trabajo llevó al autor a respetar la integridad de la escritura antigua, circunstancia que puede resultar un tanto tediosa, pero que se consideró necesaria, tanto por su importancia como también por tratarse de material inédito. Al señalar las fuentes de algunas citas se pretende dar autenticidad a la investigación, y sirvieron también de recurso literario para reconstruir, casi originariamente, hechos históricos que no pueden ser simplemente narrados.

Esta es una historia del tráfico de esclavos negros a Honduras y del tráfico de esclavos indios de Honduras, ya que esa fue la gran paradoja de la economía colonial. Pero es necesario advertir sobre la creencia que a base del indio se afianzó el sistema colonial en Honduras, desconociéndose la aportación del esclavo negro en las tareas fundamentales. En Honduras no podrá hablarse de la historia colonial sin mencionar a los negros. Colonizadores y conquistadores tuvieron que ver con indígenas y negros, con zambos y mulatos; pero al negro lo ocuparon en los trabajos más importantes de la producción y después lo aislaron y lo segregaron, lo acusaron y lo maltrataron con crueldad. El indio tuvo a su favor leyes proteccionistas, que muchas veces no se cumplieron, pero se le dio un trato diferente al negro.

Los límites de esta investigación, realizada a partir de las mejores fuentes documentales, inéditas o poco conocidas, exploran el vasto campo de la esclavitud y la trata negrera, pasando por la presencia del corso y la piratería, el régimen de licencias, la fuga y secuestro de esclavos, la vagancia en la agricultura y las rebeliones de indios y negros, la presión inglesa como principal potencia colonialista que usurpó territorio hondureño, los sucesos en países vecinos y los movimientos abolicionistas.

La mayor satisfacción del autor es que con esta obra se estudia al negro esclavo como factor importante que hizo posible el desarrollo económico de Honduras y porque plantea la necesidad de continuar con la investigación de la historia económica de Honduras, sobre la base de cosechas para exportación: azúcar y oro. Estos elementos, en su desarrollo histórico, conformaron la serie de fenómenos sociales que, insertados en la estructura de producción. crearon un estilo de economía colonial, y sin su estudio no hay posibilidad de interpretar correctamente la historia de Honduras.

Lima, 1982   RLV

I. AZUCAR, ORO Y ESCLAVOS

La trata de esclavos en América nació con el descubrimiento, y se dice que el mismo Cristóbal Colón, antes de venir al Nuevo Mundo, "ya había sido mercader negrero, metido con los portugueses en andanzas de rapiña por Guinea" (1). Al embarcar para España (1496) desde La Española, se llevó varios indios, "que después vendió como esclavos, tal como allá se hacía con los negros arrebatados de la otra costa del océano" (2). En España y en Portugal ya antes del descubrimiento se practicaba el comercio de esclavos negros, que compraban del Senegal, de Guinea y del Congo para trabajos en las despobladas regiones meridionales de la Península.

El negocio del tráfico de esclavos negros en América se genera, de manera sistemática, a partir del descubrimiento y conquista de nuevos territorios ricos en materias primas y minerales, de suerte que justificaron un comercio expansivo colonial. En este sentido, los intereses en la trata de esclavos se habían intensificado por la adquisición de colonias en las Indias Occidentales, comenzando por Barbados. Uno de los resultados más inmediatos de este negocio fue precisamente el de la acumulación originaria del capital y el impulso económico a los países mercantilistas. Inglaterra, Francia y Holanda se beneficiaron tanto "que estimuló el desarrollo de flotas mercantes y proveyó

(1)   Ortíz, Fernando. **Contrapunteo cubano y el azúcar.** Jesús montero, Editor, La Habana, Cuba, 1940, p. 368
(2)   Ibidem.

11

de mercado para los artículos producidos por sus nuevas industrias; creó también las bases del capital primario que más tarde se invertiría en las minas, líneas de ferrocarril y fábricas de algodón" (3).

Inglaterra se puso a la cabeza del gran negocio de comerciar con esclavos negros y su fomento debió ser parte esencial de su política internacional y sostén de su Revolución Industrial. La trata constituyó un negocio lucrativo y el centro de operaciones se situó en el puerto de Liverpool. Para 1790, este puerto manejaba cerda de 74.000 esclavos negros para América, convirtiéndose en "el semillero de la marinería británica". En el comercio se consolidó una cadena de profesionales y artesanos y con sus elevadas ganancias crecieron nuevas instituciones bancarias y hasta la famosa compañía de seguros, la *Lloys* de Londres, haría también fabulosos negocios con el comercio de esclavos (4).

El dominio español en América comienza a ser erosionado, después de 40 años de tranquilo poderío. A partir del siglo XVI, los territorios en las Antillas sufren la intromisión de las principales potencias europeas: Inglaterra, Francia y Holanda, a través del comercio de esclavos y en ataques armados a sus puertos. Ninguna otra nación europea le disputaba a España sus territorios en las Antillas. Estas atraían a los aventureros, pero más bien se dedicaban al pillaje y al contrabando, antes que a la colonización. Algunas veces la piratería fundaba poblaciones, pero se hacía provisionalmente, como una estrategia de apoyo logístico para nuevos ataques a España. Para desarrollar empresas de capital había que arriesgarse, pero este cuadro se alteró con la aparición de Holanda, país que se mostró más tenaz que Inglaterra y Francia.

(3)   Mannix y Cowley. **Historia de la trata de negros.** Alianza Editorial, Madrid, 1968, p. 11
(4)   Williams, Eric. **Capitalism and slavery.** Capricorn Books, New York, 1966.

Las Antillas se volvieron vulnerables a la codicia extranjera y tanto holandeses como ingleses comenzaron a presionar y a reclamar derechos de navegar, comerciar y poblar la región. Aunque costó mucho la colonización, los oficiales y soldados conquistadores recibieron concesiones de tierra para cultivar y establecerse, al tiempo que la eventual prosperidad, basada en la piratería, el comercio de esclavos y el cultivo del azúcar, invadió a las otras islas y tierra firme.

Con los años llegó la prosperidad y los hacendados del azúcar, los "sugar planters", se convirtieron en nuevos ricos, símbolos de una nueva clase, protegidos por leyes monopolistas y dueños de grandes extensiones de tierra que no llegaron a conocer porque nunca salieron de Londres. A partir de 1763 comienza la nueva era industrial de Inglaterra y la necesidad de impulsar el comercio británico hacia otros mercados. Las poblaciones inglesas producen el estallido demográfico. El viejo mercantilismo cede el paso al libre comercio y también cede, en el siglo XIX, el interés en el comercio de esclavos negros y el esplendor de la clase de hacendados procedentes de las Antillas.

Adam Smith se convirtió en un teórico contra el esclavismo, al ofrecer en su libro "La Riqueza de las Naciones" un persuasivo razonamiento económico para probar que el trabajo libre era más productivo que el esclavo. Decía Smith que ninguna sociedad puede ser floreciente y feliz si la mayor parte de sus miembros viven en la pobreza y la miseria. La mala administración en las haciendas hacía más costoso el mantenimiento de un esclavo que el de un trabajador libre. La persona que no adquiere propiedad, decía, sólo puede tener interés en comer; trabajará por consiguiente, lo menos posible. Sólo el gran lucro obtenido del azúcar permitía el uso dispendioso del trabajo servil.

Junto a la presión del nuevo industrialismo, el fervor religioso rompió el esquema económico del esclavismo. Para un razonamiento del más puro sentimiento religioso, el negrero era un hijo del diablo y la esclavitud un pecado inmundo, "el más grande pecado del mundo, de naturaleza infernal, el mismísimo vientre del infierno" (5).

Los españoles estaban familiarizados con la esclavitud, pues la introducción de negros africanos en España data de la Edad Media. Y desde la antigüedad se conoce su existencia, como medida "justificadora" del Estado y la Iglesia, creyéndola necesaria para el desarrollo económico, el primero, e impatiéndole su aprobación como medida civilizadora y cristiana, la segunda. Se estimó que arrancar al negro de Africa y llevarlo a otros continentes sería una labor humanitaria y cristiana porque se estaba transformando un salvaje en un individuo capaz de absorver la fe cristiana y la civilización. Ahora bien, sin el descubrimiento, la esclavitud negra no hubiera tenido el carácter asombroso que se le dió; los necesitaban para introducir las nuevas relaciones de la producción en un mundo desconocido y rico. América se abre al mundo y estaba capacitada a recibir el sistema social que se le impusiera, pero España, por su condición de potencia económicamente débil, le introdujo el sistema feudal, y para ello necesitaba esclavos.

Las primeras reales cédulas se dictaron con ese fin, algunas a petición de Colón y otras ya dentro del proceso que delinearía la Metrópoli para sus nuevas posesiones. Y lo primero que hizo España fue introducir hombres blancos y libres, en número reducido, pero expertos mineros, labradores, albañiles, carpinteros y de otros oficios, para emprender la tarea de poblamiento. Con la ilusión y la codicia de extraer oro y hacerse ricos de la noche a la mañana, muchos españoles embarcaron con Colón en su segundo viaje, pero al tener dificultades para conseguir oro, comienza la desilución y ya nadie quiere venir a América, siendo necesario que los Reyes Católicos expidieran con urgencia patentes a las justicias para que deportasen al Nuevo Mun-

(5)   Brion Davis, David.   **The problem of slavery in Western Culture.** Londres, 1970, p. 319

do, y a la orden de Colón, todos los delincuentes que se condenasen a destierro en alguna isla, o a trabajar en las minas; los que no mereciendo pena de muerte, podían ser condenados legalmente a deportación; y los indultados, salvo los traidores y herejes. Posteriormente se expidió la Real Cédula de Burgos, del 23 de abril de 1497, autorizando a Colón para que tomase a sueldo y emplease hasta el número de 331 personas libres, entre escuderos, peones de guerra y de trabajo, mineros, jinetes, lavadores de oro, labradores, hortelanos, artesanos y 30 mujeres (6).

De lo único que se tiene testimonio es que el principio del siglo XVI es también el comienzo del tráfico de esclavos negros a América. El 3 de septiembre de 1501 se nombra a Nicolás de Ovando como gobernador de la La Española, Indias y Tierra Firme, con instrucciones de introducir en ellas negros esclavos, con tal que fuesen nacidos en poder de Cristianos. En 1503 Ovando pidió a la Corona que no enviasen a La Española más negros, porque huían y se juntaban con los indios, enseñándoles malas costumbres. Pero muerta la Reina Isabel y para agradar a su sucesor, Don Fernando, que se inclinaba por hacer fortuna rápidamente, le escribe pidiéndole negros, y a lo que el nuevo monarca le contesta en carta fechada en Sevilla, del 15 de septiembre de 1505, diciéndole: "Enviaré más esclavos negros como pedís, pienso que sean ciento. En cada vez irá una persona fiable que tenga alguna parte en el oro que cogieren y les prometo alivio si trabajan bien" (7).

A medida que el descubrimiento había puesto sobre los ojos del Reino la evidencia de riquezas en América, lo

(6)   Navarrete, Fernández de. **Colección de los viajes y descubrimientos que hicieron por mar los españoles desde fines del siglo XV.** Madrid, 1835-1837, tomo 2

(7)   Herrera, Antonio de. **Historia General de los hechos de los castellanos en las islas y tierra firme del mar océano.** Madrid, Real Academia de la Historia, 1934, Libro 3, Capítulo 14.

que significaría un intenso tráfico marítimo comercial, de dichas islas hacia España, los reyes Católicos mandaron, el 20 de enero de 1503, que se estableciese en Sevilla una Casa para la Contratación de Indias, compuesta de tres Oficiales Reales, que deberían juntarse diariamente para tratar de los asuntos de la Casa, entre ellos, de las mercaderías que se enviasen a las Indias y recibir todo lo que de ellas viniese a Castilla, interviniendo en la venta de lo que fuere necesario. Le correspondía también el despacho de las naves para traficar o descubrir y debería informar al Reino del estado de sus colonias y más adelante fue requiriendo otras importantes atribuciones. Y siendo preciso formar una junta de notables que resolviesen todos los negocios, acrecentados por los nuevos descubrimientos y conquistas, en 1524 se funda el Consejo Supremo de las Indias, con potestad legislativa y jurisdiccional sobre todas las Indias y con enorme influencia en el asunto del tráfico de esclavos negros.

Por cuestiones puramente religiosas, España mantenía inflexible su criterio de convertir a las Indias a la Santa Fe Católica, habiéndose prohibido la entrada en América de aquellas "personas sospechosas en la fe, que podrían impedir algo a la dicha conversación"; ordenándose "no consintáis ni deis lugar a que allá pueblen ni vayan moros, ni herejes, ni judíos, ni reconciliados, ni personas nuevamente convertidas a nuestra Santa Fe, salvo si fuesen esclavos negros u otros esclavos que hayan nacido en poder de Cristianos nuestros súbditos é naturales é con nuestra expresa licencia" (8).

Atendiendo a las quejas que los indios no servían para el trabajo de las minas, en enero y febrero de 1510 se despachan esclavos negros a la consignación de Don Diego Colón, muchos de los cuales murieron, unido también a la

(8)   Instrucción que el Rey Fernando le dio en Valladolid al Gobernador de La Española D. Diego Colón, en 3 de mayo de 1509.

16

mortandad de los indios, lo que de por sí constituía un serio problema. Y siguiéronse enviando negros en España, pero siempre en número reducido y nunca lograban arribar a puerto seguro. Fue entonces cuando los religiosos de la Orden de Predicadores, residentes en La Española desde 1510, para defender a los indios, y tratando de socorrerlos, dictaron varias providencias en 1511 y en una de ellas piden "que como el trabajo de un negro era más útil que el de cuatro indios, se tratase de llevar a La Española muchos negros de Guinea". Siendo esta la primera evidencia del tráfico de esclavos negros provenientes de Africa, esto es, de esclavos no nacidos en poder de Cristianos (9).

Otra institución ligada al tráfico negrero fue el almojarifazgo. Con este nombre se llama al impuesto que todos los traficantes de esclavos negros tenían que pagar a la Hacienda Real por la venta de cada esclavo y proviene de la contribución que los moros cobraban, en tiempos de su dominación en España. Para eludir este impuesto y los derechos de licencias, los españoles y portugueses hacían el contrabando de negros, que a la fecha era el negocio más lucrativo. Después vino el "interés metropolitano", usualmente una práctica que España imitaría de las otras metrópolis respecto a sus colonias, o sea, el cobro de tributos sobre el tráfico de esclavos negros para aumentar la Real Hacienda. El cronista Herrera señala que esa política resultaba provechosa para la Real Hacienda, porque, a la falta de indios, la fuerza de trabajo del negro rendía más, por cuanto un negro trabajaba más que cuatro indios. Ya en 1499 Colón se quejaba que La Española era la tierra de los mayores haraganes del mundo, pero todavía no pedía negros. Pedía en cambio que en cada nave que saliese de España se le remitiesen 50 hombres, y que en cambio, él devolvería a Castilla igual número de los holga-

(9)   Saco, José Antonio. **Historia de la esclavitud de la raza africana en el Nuevo Mundo**. La Habana, 1938, Cultural, S. A., p. 109

La Casa de Contratación de Sevilla debía ser el único centro que controlaba el comercio y navegación entre España y las Indias, caracterizado por la organización de un monopolio muy estricto.

zanes y desobedientes (10).

La solicitud de negros no se hizo esperar y fue hecha por las distintas colonias. De Castilla del Oro pidió a Carlos I el Regidor Rodrigo de Colmenares, en 1517, que a cada castellano que a ella pasase de España se le permitiese introducir para su servicio esclavos sin pagar derechos. En ese mismo año, religiosos asentados en La Española pidieron al Cardenal Ximénez, que se concediese licencia general para llevar negros a esa isla.

Los Padres Gerónimos volvieron a pedir negros en carta de 18 de enero de 1518 y decían: "En especial que a éllas se puedan traer negros bozales, y para los traer de la calidad que sabemos que por acá combiene, que V. A. nos mande embiar facultad para que desde esta isla se arme para ir por ellos á las islas de Cabo Verde y tierra de Guinea, ó que esto se pueda hazer por otra cualquiera persona de esos Reynos para los traer acá. Y crea V. Alteza que si esto se conzede, demás de ser mucho provecho para los pobladores destas Islas y rentas de Vuestra Alteza, serlo ha para que estos indios sus vasallos sean cuidados y relegados en el trabajo, y puedan más aprovechar á sus ánimos y á su multiplicación" (11).

A las reiteradas solicitudes de los Padres Gerónimos, se sumó el Licenciado Alonzo Zuazo, a la sazón (1518) Juez de Residencia en La Española; también pidió "todos los negros y negras que pudieren haber bozales de edad de quince á diez y ocho ó veinte años, é hacerse han esta isla á nuestras costumbres é ponerse han en pueblos donde estarán casados con sus mujeres, sobrellevarse ha el trabajo de los indios, sacarse ha infinito oro . . ." (12).

(10)   Herrera, Antonio de; Ob. Cit.,

(11)   Muñoz, Juan Bautista. Historia del Nuevo Mundo, Madrid, 1793, Tomo I, p. 135

(12)   Ibidem.

La Metrópoli española accedió a las gestiones y en 1518 y 1519 concediéronse varias licencias para introducir a La Española negros. De esa manera se inicia el tráfico de esclavos negros en América, como una necesidad para conservar los negocios establecidos en las islas. La ruina de éstas y la desaparición constante de la población india motivaron la urgencia de traer negros de Portugal, como vía más rápida.

Fray Bartolomé de Las Casas, el gran defensor de los indios de América, pidió esclavos negros para reemplazarlos por aquéllos, pero su intención no era esclavizar a los que eran libres en Africa sino traerlos de España, donde existía de años atrás la esclavitud de la raza africana (13). Y actuó así al ser testigo de los duros e inhumanos tratos que a los indios les prodigaban sus compatriotas y al ver disminuir progresivamente la población india, reducida en apenas 15 años de un millón a sesenta mil. Lo cierto es que la introducción de esclavos negros en América se origina con la propuesta de Bartolomé de las Casas en 1517. A seguidas se formó un tráfico a través de Reales Cédulas que dieron autorización para introducir negros en La Española, Cuba, Puerto Rico y Jamaica, degenerando en un comercio de humanos y en la institución más abominable de la historia, que se prolongó hasta México, Centroamérica y Perú.

Antes de producirse este fenómeno del tráfico negrero, la Corona había puesto en vigencia su sistema de "encomienda", por el que cedía al colonizador español pueblos indígenas de América para que los administrara. Así se despertó el deseo de venir a las nuevas tierras con el propósito de obtener riquezas y privilegios, estableciéndose con la encomienda de indios "la base económica más importante y general sobre la cual descansó toda la

(13)   Casas, Fray Bartolomé de las. **Historia de las Indias.** Madrid, 1875-1876, libro 3, capítulo 100, 102, 103

naciente aristocracia de los nuevos territorios, desde sus rasgos más humildes a los más elevados" (14).

El sistema de encomiendas entregaba indios a los españoles, y esta concesión daba a los españoles el derecho de exigir trabajo o tributo de los indios. De esa manera "se repartieron indios para el cultivo de las tierras, para la guarda de los ganados, para el laboreo de las minas, para la ejecución de obras públicas y en general para toda la clase de actividades económicas" (15).

Propiedad de la tierra y fuerza laboral eran comunes al encomendero español; de tal suerte que existía una ligazón de la propiedad de la tierra con la posesión del indio que, en muchos casos, lo preciado no era poseer tierras, sino poseer indios. La brutalidad del encomendero contra el indio arrancó en pedazos las tierras de América y fue tanta la crueldad española que —según el Reverendo G. W. Bridges, autor de una historia de Jamaica y de la tierra firme adyacente— "un millón de nativos murieron al servicio de los conquistadores en el trabajo de las minas de Honduras" (16).

Fray Bartolomé de las Casas, y antes que él, Fray Antonio de Montesinos, se atrevió a denunciar el sacrificio de los indios, a los que se trataba como esclavos. La crítica rompía el esquema de las relaciones de trabajo en América, donde el indio era la única mano de obra y se convertía en un objeto de trabajo. Le dijo al Rey que si "no quitase los indios a los españoles, sin ninguna duda todos los indios perecerán en breves días; y aquellas tierras y pueblos quedarán, cuan grandes como ellas son, vacías y yermas de sus

(14)   Ots Capdequi, José M. **Instituciones Sociales de América Española en el Período Colonial.**   Facultad de Humanidades y Ciencias de la Educación, Universidad de la Plata, Argentina, 1934, p. 35

(15)   Ibidem, p. 28

(16)   Cita de William V. Wells. **Exploraciones y Aventuras en Honduras.** Editorial Universitaria Centroamericana, Costa Rica, 1978, p. 515

pobladores naturales; y no podrán de los mismos españoles quedar sino muy pocos y brevísimos pueblos, ni habrá casi población de ellos porque los que tuvieren algo, viendo que ya no pueden hacer más muertos los indios, luego se vendrán a Castilla; porque no está hombre allá con voluntad de poblar la tierra, sino de disfrutarla mientras duran los indios" (17).

Las Casas fue un indiscutible defensor de los indios, pero sus razones humanitarias lo llevaron también a promover con leyes y reformas teológicas un nuevo sistema de explotación de la riqueza en América. Si bien es cierto que él luchó denodadamente por la suerte del indio, sus razonamientos sensibles significaban también que los indios eran fuente de riqueza que España no debía desaprovechar, es decir, los indios eran vasallos contribuyentes del erario y si se les exterminaba no podían tributar. Su argumentación para defender al indio lo llevó incluso a proponer al Rey a que se le substituyese por esclavos negros, planteamiento éste que lo llevó después a su arrepentimiento (18).

Lo cierto es que las denuncias de Las Casas contribuyeron al nacimiento del importantísimo cuerpo jurídico que se llamó "Leyes Nuevas", promulgado en noviembre de 1542. Esas leyes, aunque en la práctica no se cumplie-

(17)   Losada, Angel. **Fray Bartolomé de las Casas.** Editorial Tecnos, Madrid, 1970, p. 185

(18)   Esta es una de las acusaciones contra Las Casas que a menudo se escuchan, pero que tiene una explicación. Las Casas propuso a la Corte de España, en 1516, que en compensación de la pérdida de mano de obra india, el Rey diera Licencia para importar de España esclavos negros, y así la multiplicación de sus empresas ennoblecería grandemente al país. Lo que Las Casas pretendía era impedir un acto injusto y sustituirlo por otro justo (según las creencias de la época), a saber: él pretendía con ello impedir que se utilizase contra toda justicia como esclavo al que no lo era (el indio) y que su puesto, según la ordenación jurídica de la época, lo era (el negro), en especial el negro capturado en guerra. Razonamiento de Lozada, ob. Cit. p. 209

ron totalmente, establecieron que los indios serían puestos en libertad y se castigaba mantenerlos esclavos. Así nació la confusión en las posesiones de América, pues al crearse una nueva situación de trabajo, al redimirse la esclavitud del indio, surgió el problema de la producción. Las minas y los ingenios tenían que seguir produciendo y la mano de obra tenía que ser reemplazada.

La solución la dio la importación de esclavos negros.

II. LAS ISLAS DEL AZUCAR

La caña de azúcar no fue el único cultivo de las Antillas, pero fue el prevaleciente y por lo tanto el que le dio unidad a la raza y a la geografía fragmentada: el blanco propietario y el indio, el negro y el asiático braceros.

La Española se convirtió en la "llave y puerto" de América (1) porque recibía y despachaba naos, era centro comercial y ciudad importante de toda América. Ella se constituyó en la primera isla de atracción para el desarrollo de los centros mineros y agrícolas, habiéndose creado 2 ciudades y 16 villas. San Juan de Puerto Rico tenía 2 pueblos solamente, igual que Jamaica, no tan ricos como La Española y poco habitados. En Cuba se formaron 7 pueblos y su población era considerable, con una riqueza potencial que hizo de la isla un punto importante para la agricultura y la extracción del oro, del que seis poblaciones vivían.

El cultivo de la caña de azúcar se convirtió en la causa principal del tráfico de esclavos negros en América. Existen opiniones diversas sobre la época en que esta planta llegó por primera vez al Nuevo Continente; el cronista Oviedo (2) argumenta que el primero que plantó cañas de azúcar en La Española fue Pedro de Atienza, en el pueblo

(1)   Los miembros del Cabildo de Santo Domingo escriben en una carta de 15 de mayo de 1553 al rey: "esta isla es escala y llave de todo lo descubierto en estas partes". AGI, Santo Domingo 73, ramo I.

(2)   Oviedo, Gonzalo Fernández de. **Historia General y Natural de las Indias.** Ediciones Atlas, Madrid, 1959, Tomo I, p. 186.

25

de Concepción de la Vega. Y el cronista Herrera afirma que un vecino de la Vega, llamado Aguilón, fue quien la introdujo de Canarias en 1506. El historiador Saco considera erradas estas citas, porque según él, la caña entró en aquella isla al siguiente año de su descubrimiento, siendo Cristóbal Colón su primer introductor en 1493.

Esta discusión no interesa tanto para aseverar que fueron los ingenios de azúcar, que proliferaron para su comercio exterior, lo que dio lugar al comercio de esclavos negros; ya para 1518 había en La Española 40 ingenios y también en Puerto Rico. Se consideraba que un buen ingenio debería tener de 80 a 120 esclavos negros.

Azúcar y Esclavos

Saint Domingue (Haití) fue el prototipo de economía de plantación, o sea, la gran industria de propiedad en manos de una compañía, con absoluto poder sobre los integrantes de ella. En escasos 27,750 montañosos kilómetros cuadrados, los franceses montaron la colonia más productiva del mundo; y a decir de Sánchez Valverde (3) llegó a producir más que todas las colonias españolas de América juntas.

Para 1789, cuatro años antes de la gran revolución libertadora del pueblo haitiano, cerca de 40.000 franceses controlaban una mano de obra compuesta por 464,000 esclavos, valorados en 1,137.500 libras (4). A partir de 1804 todo fue completamente desarticulado por una larga

(3)   Sánchez Valverde, Antonio.   Idea del Valor de la isla Española. Editora Nacional, Santo Domingo, 1971, p. 160.
(4)   De Bercy, M. Drouin.. De Saint Domingue, de ses guerres, de ses Revolutions, de ses resources, et de ses moyens á prende pour y rétablir la pais et l'industrie. Paris, 1814, p. 76.

guerra que destruyó la economía; los esclavos quemaron las plantaciones y el propietario blanco tuvo que huir. Pero el negro adquirió su libertad y el ejemplo comenzó a orientar una nueva economía mundial, con nuevas formas de trabajo y de dependencia.

Este fenómeno produjo la baja creciente de la producción azucarera de Haití, es decir, la retirada del mercado internacional y la entrada de Cuba al mercado. Esta manifestación se nota al advertir que en 1789 Cuba exportaba sólo 1,106.016 libras de azúcar, mientras Haití 141,089.831 y Jamaica unos 12 millones. Sin embargo, en 1826 la relación se invirtió, pues mientras Haití exportó 32,864 libras, Cuba exportó 6,237.390 (5).

La revolución haitiana trajo la bonanza azucarera de Cuba; consecuencia de ello fue la fuga de capital, de tecnología y de esclavos. El azúcar no ha sido el único producto típico de las Antillas, pero el azúcar ha conformado su historia y su economía. El azúcar pobló y despobló las Antillas y trajo el progreso y la miseria, las revoluciones y las intervenciones.

Las cifras de exportación de azúcar desde las islas de las Antillas se conocen hasta muy entrado el siglo XIX y esas cifras revelan un lento crecimiento de la oferta, de 1760 a 1791, en las colonias inglesas y francesas del Caribe, en especial, porque desde mediados del siglo XVIII, ya habían alcanzado el límite máximo de exportación dentro de las condiciones de la época. En las tierras continentales y en Jamaica, el alejamiento de los puertos de embarque suponían una inversión poco rentable.

El crecimiento productor inglés está asentado en la puesta en marcha de las nuevas colonias de Islas Vírgenes,

(5) Guerra Sánchez, Ramiro. Azúcar y población en las Antillas. La Habana, Editorial de Ciencias Sociales, 1976, p. 237. Knight, Franklin. The Caribbean: The genesis of a fragmented nationalism. New York; Oxford University Pres, 1978, p. 241

Granada, Granadinas, San Vicente, Santa Lucía, Dominica, Trinidad y Tobago y Jamaica. Francia e Inglaterra totalizaron en 1791 el 78,75 por ciento de las exportaciones azucareras a Europa.

La coyuntura azucarera del período 1760-1792 favoreció a Cuba directamente, manteniendo una tasa de crecimiento productor anual de 4,58 por ciento y mejora su posición en el mercado, pasando del 2,68 por ciento en 1760 al 6,92 por ciento en 1791, período de aumento también en la importación de esclavos negros.

Las estadísticas de producción azucarera de esos períodos se registra en el cuadro de Moreno Fraginals (6), reproducido como sigue:

COMERCIO INTERNACIONAL AZUCARERO
(1760-1792)
PRODUCCION COLONIAL (toneladas métricas)

Colonias Inglesas	1760	1791	1792
Jamaica	39,841	60,900	55,464
Barbados	7,589	7,105	9,160
St. Kitts	9,220	7,127	7,062
Antigua	5,423	3,555	3,731
Granada y Granadinas	4,000	8,950	9,432
Montserrat	2,608	1,441	1,235
Nevis	1,912	2,335	2,255
San Vicente	---------	6,002	6,000
Tobago	---------	4,150	4,300
Dominica	---------	2,600	2,860
Trinidad	---------	2,030	2,335
	70,593	106,193	103,834

(6)   Moreno Fraginals, Manuel. **El Ingenio**, tomo I. Editorial de Ciencias Sociales, La Habana, 1978, p. 41

28

Colonias francesas	1760	1791	1792
Haití	56,646	78,696	---------
Martinica	17,000	10,000	12,120
Guadalupe	7,000	8,725	9,114
Santa Lucía	---------	1,320	1,150
	80,646	98,741	22,384
Colonias danesas	1760	1791	1792
Santa Cruz	4,000	7,500	8,200
Islas Vírgenes	535	1,929	2,624
	4,535	9,429	10,824
Colonias holandesas			
Java	1,200	3,000	3,000
Guayana, Surinan	8,300	7,550	6,700
Essequibo, Berbice y Demerara	570	3,000	3,500
	10,070	13,550	13,200
Colonias portuguesas			
Brasil	34,000	21,000	21,000
Colonias españolas			
Cuba	5,500	16,731	14,455

Santo Domingo empezó a desarrollar sus ingenios, aunque sea rústicamente, desde 1506, en Concepción de la Vega; el alza de precios del azúcar en Europa alentó la producción en esta isla. Esos primeros ingenios utilizaron mano de obra india, que al irse acabando fue desplazada por negros esclavos. Las primeras noticias de un embarque de azúcar hacia el exterior datan de 1521, "y se sabe que al año siguiente exportaban unas dos mil arrobas, que al precio de dos ducados la arroba anticipaban unos beneficios muy altos que prometían amortizar prontamente el capital invertido" (7).

La política de España respecto de Puerto Rico y "en contraste con varias otras islas del Caribe, no apuntó hasta bien entrado el siglo XVIII, la tendencia hacia el clásico tipo de factoría azucarera, con un capitalismo agrario, basado en abundante mano de obra esclava" (8), carente de una política de población y orientada hacia el incremento de los núcleos africanos, en esos períodos, pero con notable aumento entre 1765 y 1860.

Azúcar y esclavos negros corren a la par en su explotación extensiva e intensiva. Nace un sistema de producción viciado, caracterizado por su esclavismo, porque al mismo tiempo la frena. Había ingenios de Las Antillas españolas con fuerza de trabajo de 100 esclavos capaces de producir 115 t. de azúcar por zafra, un rendimiento de 1,15 t. por negro, y que, de hecho, es una prueba palpable de tecnificar la producción.

El negocio de esclavos negros prolifera y es tan poderoso que rompe todos los vínculos legales y los frenos al comercio, lícito o de contrabando; tanto así que los grandes negociantes de esclavos y los productores de azúcar promueven, entre el 28 de enero de 1789 y el 12 de abril de 1798, que por reales cédulas se dicten once órdenes y decretos que liberan e impulsan el gran negocio de esclavos en América.

(7)   Moya Pons, Frank. **Historia Colonial de Santo Domingo.** Universidad Católica, Santiago, República Dominicana, 1974, p. 73

(8)   Morales Carrión, Arturo.   **Auge y decadencia de la trata negrera en Puerto Rico.** Instituto de Cultura Puertorriqueña, San Juan, 1978, p. 8

El trato injusto hacia el negro dio lugar a que huyera, se enfermara o que se aniquiliara físicamente, y se creó la necesidad de traer más negros. Pero no tardaría (1522) en rebelarse, siendo el ingenio del Almirante y Gobernador de Santo Domingo, Diego Colón, el primero en sufrir deserciones de negros, que unidos a los pocos indios dieron toda clase de batalla a los españoles que los perseguían, matando varios de ellos.

Tratando de evitar la repetición de hechos como el anterior y errores en el tráfico de esclavos negros, por una petición de los Padres Gerónimos, el Rey don Carlos (1523) ordenó un nuevo repartimiento de 4,000 negros, del modo siguiente: 1,500 a La Española; mitad varones y mitad hembras; 300 a Jamaica; 300 a Cuba; 500 a Puerto Rico y 500 a Castilla del Oro (Colombia). En 1525 se había autorizado a Alonso de Castro, tesorero de La Española, mediante real cédula, que introdujese en aquella isla 200 negros para formar la crianza de ganados, la caña de azúcar, cañafístola, etc. .

Hacia 1526, Carlos I revocó la prohibición de su abuela, dando licencia para que todos los súbditos de los reinos y señoríos de su Corona pudiesen pasar a las Indias, y estar y comerciar con ella, según y como lo hacían los naturales de Castilla y de León. Con ello también se dio impulso a la colonización del resto de América. Es muy probable que los conquistadores llevasen esclavos negros, pues ya tenían experiencia de lo valioso de sus trabajos en aquel tipo de empresas que estaban deseosos de iniciar en las nuevas tierras conquistadas.

Las paradojas de la historia son impresionantes, si se compara que la colonización de los países del Nuevo Mundo trajo particularmente el abandono de la isla Española y la desgracia de Puerto Rico, Jamaica y Cuba. Sus vecinos fueron atraídos por la furia del oro del Perú, México y Centroamérica y abandonando sus hogares fue necesario que el Rey (1525) recurriera para menguar esa situación, dando licencia a todas las familias de Castilla que quisieren ir a vivir a La Española, la isla más afectada por el despoblamiento, dando además del pasaje franco la autorización de llevar 6 esclavos negros. Para el año siguiente la situación fue más crítica y se pidió al Rey que se dejase introducir 100 negros y 100 negras. En Cuba (1528) se trató de encontrar fórmulas de reproducción de la población negra, y como había escasez de hembras, se pidió el envío de 700 negros de ambos sexos.

La necesidad de esclavos negros en estas islas incentivó el comercio legítimo e ilegítimo y se les trajo también de Portugal; pero parece que los negros traídos por las vías ilegales eran de "ruin calidad", que se elevaron protestas al Rey (1530).

La emigración de las islas seguía preocupado, por la codicia despertada en Perú, México y Centroamérica, tanto así que este comercio de esclavos tuvo en ese momento un valor monetario muy elevado, pues había subido el precio de un negro, igual como se vendía un caballo. Desde Panamá se reportó que en cinco meses (1535) habían llegado a aquel puerto, en tránsito al Perú, 600 hombres blancos y 400 negros. De Nicaragua (1534) sacó 200 negros el Gobernador Pedro de Alvarado, llevándoselos a Quito. De Honduras (1535) se pidió al Gobierno, por carecer de número suficiente, que les enviasen 100 negros para sacar oro (9).

De Honduras se suplicó al Emperador, el 12 de marzo de 1540, que se enviasen 150 negros fiados por uno o dos

(9)   Muñoz, Juan Bautista. Ob. Cit. Tomo 2, p. 153

años, para reemplazar a los indios alzados y que huían. Con este motivo mandóse a los oficiales reales de la Casa de Contratación de Sevilla, en 20 de septiembre de 1540, que buscasen personas que se obligasen a llevar a la provincia de Honduras 300 esclavos. El Consejo de Indias comisionó al Licenciado Cristóbal de Pedraza, Obispo electo de Honduras, para que buscase mercader que llevase los referidos 300 negros. Una vez en Lisboa, Pedraza ajustó cuentas con Alonso y Diego Torres, quienes se obligaron a introducir en Honduras en dos o tres naves, 300 esclavos, hembras la tercera parte, todos sanos, y de 15 a 30 años de edad. Y llegados que fueron, se repartieron entre los vecinos, con intervención del Obispo Pedraza y vendidos al precio de 55 pesos de buen oro, pagaderos dentro de 15 años después de su entrega. Desde Badajós y por aquel año (1541), el obispo Pedraza le escribe al Emperador, felicitándose por esa operación. El repartimiento se hizo entre Gracias, Comayagua, San Pedro y Trujillo (10).

Se regulan los precios

Por reales cédulas, una serie de procedimientos regularon el negocio de la trata negrera, como de observancia obligatoria, ya sea prohibiendo el paso a las tierras de Indias, esclavos, sin licencia real, ni blancos ni negros, ni moros ni mulatos. Era la época del contrabando y España deseaba asegurarse de la "legitimidad" de su comercio; de suerte que el barquero que echara esclavos en tierra sin permiso oficial, perdía la barca y se le condenaba a prisión. En 1556 se regularon los precios del modo siguiente: "En la isla Española, San Juan y Cuba, y en las demás islas de las dichas nuestras Indias, a cien ducados cada pieza y en

(10) Capitulación entre el licenciado Pedraza y Alonso Torres. BRAH.

las provincias de Cartagena y Tierra Firme y Santa Marta y Venezuela y Cabo de la Vela y Honduras y Guatemala, a ciento y diez ducados". Pero como la tarifa parecía elevada y evitaba la concurrencia de mercaderes, en momentos que se necesitaba mano de obra, por otra real cédula del 13 de octubre de 1564, se dispuso "que se vendiesen al fiado por tiempo convenible, con tanto que el que los comprase diese fianzas legas, llanas y abonadas, para seguridad de la dicha deuda de los dichos negros" (11).

Años siguientes se legisla, como en Francia, a través de un Código Negro, para la formación de unas ordenanzas para el gobierno económico, político y moral de los negros. Por real cédula de 23 de diciembre de 1783, se dio comienzo a las diligencias del Código Negro Español, por expresa "bondad" de Carlos III de España, "el protector de los desvalidos socialmente", según Javier Malagón Barceló que, "así como trató de los Gitanos en la Península, lo hizo tardíamente con los negros en sus provincias de Ultramar"; y que después de terminado quedó relegado en una oficina, como documento inservible (12).

Fiebre Negrera

Las comunidades hispanas de las Antillas vivían en una economía predominantemente agrícola y sus habitantes españoles le daban el toque pastoral que acostumbraron en las tierras de Castilla. La cría de ganado fue su primera actividad y el principal valor residía en sus cueros, que tenían gran demanda en Europa, tanto para la talabar-

(11)   Encinas, Diego. **Cedulario Indiano**. Ediciones de Cultura Hispánica, Madrid, 1946, Tomo IV, p. 398-400
(12)   Malagón, Barceló, Javier. **Código Negro Carolino**. Ediciones Taller, Santo Domingo, República Dominicana, 1974, p. XXXII

34

Elaboración de azúcar por un grupo de esclavos negros. Dibujo tomado de "Santo Domingo Pasado y Presente", por Samuel Hazard; Sociedad Dominicana de Bibliófilos, 1974.

tería como para elaborar ropas defensivas. La carne de vaca y el sebo se volvieron medios de subsistencia y de exportación; después vino el "casabe" como principal producto para hacer pan, seguido del maíz y el tabaco. Pero es el azúcar el más importante producto que formará un hilo de conexión a través de toda la historia de las Antillas.

La producción de azúcar en grandes cantidades para exportar requería un complejo sistema que demandaba mucha mano de obra, un trapiche y fuerza para moverlo; se necesitaban además vasijas de cobre, hornos y hollas para cristalizar el jugo y carros y bestias para transportar la caña.

Se necesitaba un fuerte capital para montar un ingenio y de esa suerte sólo triunfaban los grandes inversionistas. El primer trapiche fue construido en La Española en 1508 y se enviaron a España las primeras muestras de azúcar cerca de 1515. Pero la falta de mano de obra india limita-ba la producción y es cuando aparece la importación de esclavos negros.

La consideración del comercio de esclavos conduce automáticamente al problema de la regulación del comercio en general, asumiendo España el papel monopolista en favor de sus súbditos de todo el comercio, la navegación y su propio derecho de obtener un tributo directo de sus posesiones americanas. A principios de 1503, en el puerto de Sevilla, una "casa real de comercio" —la Casa de Contratación— se estableció en esa ciudad. En realidad no ejercía el comercio, sino que se desempeñaba como una oficina de gobierno autorizada para inspeccionar y dar licencias a barcos, cargas, mercaderes, pasajeros que iban o venían de las Indias. También recaudaba impuestos y retribuciones e intervenía en el arreglo de disputas maríti-mas.

En 1537 quejóse la Casa de Contratación ante Carlos I, denunciando que las naves portuguesas con licencias para comerciar con negros en el Nuevo Mundo no se reportaban en Sevilla, como era su obligación, y que descargaban su mercadería en Lisboa. Este hecho singular fue un avance de la constitución de los corsarios, que aparecen en 1538 en Puerto Hermoso, de La Española, robándose el producto del ingenio de Azua y llevándose 15 negros. En ese mismo año se opera el incendio de La Habana, de manos de corsarios franceses, y para prever futuros ataques, el gobernador comenzó a construir un baluarte defensivo.

El comercio "ilícito" de esclavos negros y mercaderías por negociantes portugueses fue denunciado nuevamente (1540), con carácter de peligrosidad por la Casa de Contratación, a su Rey, pero más que todo fue un enojo porque desobedecieron las reglas impuestas por esa institución. Para enmendar esa situación se dispuso que cuando algunos buques portugueses llegasen a las islas del Nuevo Mundo a cargar, diesen antes de salir fianza suficiente y venir directamente a Sevilla, o deberían sufrir rigurosas penas, que nunca se cumplieron.

Hacia 1542, la isla Española se encontraba nuevamente en crisis de población, porque los negros habíanse reunido como fuerza de poder, "salen y corren por toda la isla, y llevan robos a vender, y traen y encubren todos cuantos se hacen por la tierra adentro. Y andan los negros á lo menos de esta ciudad tan ricos de oro y vestidos, y tan sobrellevados, que á parecen ellos son más libres que nosotros" (13). Para esa fecha el número de negros sobrepasaba a la población española y esto constituía un serio peligro. El padre las Casas asegura que había en La Española 30,000 negros y en todas las Indias más de 100,000.

Se dice también que para 1542 había disminuido en La Española la fundición del oro, "no sólo por la exportación para Honduras de muchos negros empleados en aquella

(13)   Carta del Arcediano de Santo Domingo, Alvaro de Castro, al Consejo de Indias de fecha 26 de mayo de 1542. BRAH.

grangería, sino por el temor que infundían los cimarrones, impidiendo que se buscaren menos minas" (14).

La intranquilidad de la población española en la isla La Española era creciente y por el año de 1545 se descubrió el alzamiento del cacique Enriquillo, que muchos problemas diera por su arrojo y valentía. Para ese año la Justicia y Ayuntamiento de Santo Domingo escribieron al Emperador que apenas se cogía oro, porque se había exportado para Honduras casi todos los negros, y llevándose a México y Perú los que quedaban. El alzamiento de esclavos negros vino a mermar la producción de oro y los ingenios de azúcar sufrieron incluso daños físicos, sumándose después a esta calamidad el azote de tres huracanes que no dejaron en pie ningún cultivo.

Ya para 1546 y 1547, el negocio de tráfico de esclavos negros producía realmente grandes dividendos y a él se dedicaban personajes españoles de toda alcurnia y cargo oficial. No es pues extraño que el Obispo de la provincia de Honduras, Cristóbal de Pedraza, escribiese al Emperador desde Trujillo, el 10 de mayo de 1547, acusando a los oidores de aquella Audiencia, de consentir a los Oficiales Reales que se aprovechasen de las rentas de la Real Hacienda comprando con ellas negros y haciendo herederos para sí (15).

El descontento de negros e indios se había generalizado en Cuba, Venezuela y México, y se cuenta (16) que en la Villa de San Pedro, provincia de Honduras, hubo en 1548 un levantamiento de negros tan peligroso que hubo necesidad de hacer uso de poderosos recursos bélicos para sofocarlo.

No obstante que la rebelión negra se propagaba en el

(14)   Melchor de Castro, Escribano de Minas, Santo Domingo, 25 de julio de 1543. BRAH.

(15)   Muñoz, Juan Bautista. Ob. Cit., tomo 2, p. 65

(16)   Herrera, Antonio de. Ob. Cit., Libro 2 Capítulo II

Continente, continuábase con el abuso del repartimiento de licencias para introducir negros. Sólo La Española pidió al Emperador en 1552 que se le otorgaran 3,000 licencias para repartir entre sus vecinos todos los negros que fueran indispensables, y sin contar con ello el negocio de contrabando, que resultaba más lucrativo. Gran número de estos esclavos negros serían introducidos posteriormente a tierra firme.

En 1555 el estado de La Española y de Cuba era deplorable por falta de negros que se dedicaran a la tierra y por ausencia de naves de comercio que estaban dejando a estos pueblos en espantosa miseria. Para remediar esta triste situación se estableció una tarifa general para todos los negros que se llevasen al Nuevo Mundo, a manera de revivir el comercio de esclavos y darle vida a los trabajos agrícolas y mineros. Por real cédula de 6 de junio de 1556 se legisló de la siguiente manera:

	Ducados
En Cuba, Santo Domingo y demás islas no podían venderse en más de	*100*
En las provincias de Cartagena, Tierra Firme, Santa Fe, Santa Marta, Venezuela, Cabo de la Vela, Honduras y Guatemala en más de...	*100*
En Nueva España y Nicaragua en más de....	*120*
En el Nuevo Reino de Granada y Popayán en más de...............................	*140*
En el Perú y Río de la Plata en más de	*150*
Y en Chile en más de..................	*180*

Pero tal legislación no pudo sostenerse porque afloraron los pleitos judiciales de "interpretación de la ley", y en definitiva terminó aceptándose la legislación de los comerciantes de negros que los introducían por la vía ilegal. Y esto sin contar los esclavos negros que llevan los piratas o que robaban para canjearlos por cueros, jenjibre, azúcar y perlas.

Por esa época las rentas y haciendas del Rey estaban ansiosas de aumentar su caudal, y uno de los medios de proveerse dinero lo constituyó el "almojarifazgo", especie de impuesto que debían pagar los compradores de negros, cuyo tributo variaba de tarifa, según las necesidades del Rey y las irregularidades y fraudes de los encargados de cobrarlo.

En una relación de las cosas que se han de tener memoria para pedir al Rey su ayuda, los habitantes de Trujillo, en la provincia de Honduras, solicitaron en 1528 y suplicaron a S. M. "que porque la tierra se pueble e la contratación della no cese e los mercaderes vengan a ella con una voluntad que S. M. nos conceda e haga merced que no se page almojarifazgo ninguno en ella por el tiempo que lo hizo a la Nueva España que por doze años". Igualmente "que nos haga merced S. M. de mandar una cédula firmada de su Real nombre para que nos dejen hazer gente en la Ysla Española y en la Ysla Fernandina y en la Ysla de Jamaica para la pacificación e población desta tierra sin que nos ponga embargo ny impedimento en ninguna cosa la justicia de las yslas. Y que nos haga S. M. merced de no dar licencia para pasar 500 negros sin pagar derechos algunos a esta dicha Villa". Y se vuelve a suplicar a S. M. "que no paguen los vezinos desta villa derechos algunos de almojarifazgo ni de otra manera cosa alguna de lo que tragaren de Castilla ni de otras partes a esta Villa para sus casas" (17).

Para esa época la situación aflictiva de los habitantes de Trujillo era penosa y se nota cómo la institución del nuevo tributo pesaba en sus intereses.

Trato al negro

El establecimiento del régimen esclavista fue de por sí inhumano y el tratamiento a los negros fue más bestial. En

(17)   Rubio Sánchez, Manuel. **Historia del Puerto de Trujillo**. Banco Central de Honduras, 1975, volúmen I, p p. 67-71

Los esclavos eran vendidos en forma individual, pero cuando representaban una familia su precio era muy alto. Dibujo tomado de "La Traite des Negres", por G. Scelle, Paris, 1906.

su calidad de animal, el negro recibió los cuidados por el valor de su compra. El dueño solamente lamentaba la muerte de un negro en la medida que perdía un instrumento necesario para el trabajo. El negrero se cuidó también de la reproducción del esclavo y favorecía la fecundación, de modo que se mantuviera el número de cabezas de su aparcería. Para los esclavistas brasileños "el vientre que da hijos es la parte más productiva de la propiedad esclava"; y los portugueses consideraban a los esclavos como sementables, como caballos de raza, porque "lo que se buscaba es que tuvieran el máximo de hijos posible para venderlos a 30 ó 40 escudos" (18).

Los alzamientos, la huída, las protestas en los centros de trabajo y hasta la enfermedad de los negros, obligó a los colonos esclavistas a la promulgación de un sistema jurídico que regulara las relaciones amos-esclavos. Las primeras regulaciones se dieron en La Española en 1528 y otras en 1535, 1542 y 1544, que debieron cumplirse en las otras islas de las Antillas y tierra firme.

La primera ordenanza indicaba que todos los esclavos negros que se ausentasen al monte huídos del servicio de sus amos, y si fuesen traídos, les sean dados 100 azotes y colocada una argolla de fierro de 20 libras. Los huídos por segunda vez les cortaban un pie y por la tercera vez eran ejecutados. Otra de las ordenanzas indicaba que los cuidadores de esclavos estaban obligados a denunciar sus fugas, y el que no lo hiciera recibía una multa y severos castigos. La persona que desherraba o desaprisionaba a los esclavos se le daban 100 azotes, le cortaban un pie o le daban muerte. Por otra parte, además de legalizar la ejecución de la justicia en el amo sobre el esclavo, era obligatorio que los Señores de los Negros tuvieran un

(18)   Maurice, Lenguellé. La Esclavitud. Oikos-Tau, S. A., Ediciones, Barcelona, 1971, p. 28

zepo y cadena (19).

Estas y otras eran regulaciones formales, porque de hecho el dueño de un esclavo no tenía límites para hacer uso y abuso. Algunos autores han asegurado que España fue benévola en el trato a los esclavos negros, como si la sola presencia de la institución esclavista no constituye una ofensa grave a la humanidad. Resulta absurdo excusar que unos hayan sido más blandos que otros, si bien la esclavitud no se puede justificar. España, es cierto, adoptó medidas para ajustas las penas, pero esto no la libera.

Cumpliendo un deseo de conciencia, Felipe IV ordenó en 21 de julio de 1623 un trato más humano a los esclavos negros y pidió que se reprimiesen las demasías de los perseguidores de negros fugitivos. Se dictaron también otras leyes prohibiendo el contrabando de esclavos negros, señalándose que no se introdujesen en América esclavos "mulatos", "mestizos", "turcos" ni "moriscos", sino solamente "negros atezados"; pero todas estas leyes, o nunca se aplicaron, o se revocaron, porque pudo más la circunstancia de los hechos que las hicieran inútiles.

La corrupción de los empleados españoles en América era la mejor aliada del contrabando y del trato inhumano a los negros, y no les interesaba hacer cumplir las leyes del Rey. Pensaban que los monarcas de España no podían conocer la realidad de América y que eran ingenuos.

La voz del jesuita Fray Alonso de Sandoval intentó prever grandes males y habló de las injusticias y del valor de la libertad que tenían los esclavos negros. El comentó: "Por floridos que sean los reinos, no se deben tener por seguros de guerras serviles mientras no procurasen sujetar los esclavos y no estar á su cortesía. Por lo cual deberían poner tasa los Magistrados á quien toda á la codicia de los

(19) Ordenanzas para el gobierno de los negros de la Isla Española. Revista Anales de la Universidad de Santo Domingo, República Dominicana, No. 57-60, 1951, p p. 272-273

mercaderes, que ha introducido en Europa, y no menos en estas Indias, caudalosísimos empleos de esclavos, en tanto grado que se sustentan y enriquecen de islas á traer de sus tierras, ya por engaño, ya por fuerza como quien va á caza de conejos, ó perdises, y los traigan de unos puertos á otros como olandas ó cariceas. De aquí se siguen dos daños muy considerables. El primero, que habiéndose hecho la libertad de los hombres mercancía, no pueden dejar de ser achacosos muchos de los títulos con que algunos se cautivan y venden. Y el otro, que se hinchen las repúblicas de esta provisión, con peligro de alborotos y rebeliones. Y así como la cautividad moderada se puede tratar sin estos escrúpulos, y con notables utilidades comunes á esclavos y señores, el exceso es muy ocasionado á cualquier desconcierto; no porque se deba temer, que los esclavos se alcen con la república, que en sus corazones serviles raras veces cupieron pensamientos altos, sino porque el amor de la libertad es natural y á trueque de conseguirla se podrían juntar á procurarla y á dar la vida por ella" (20).

Tanta vergüenza y deshonor, cometidos en nombre del Cristianismo, estaban orillando las bases de la religión y había que hacer algo para salvar el prestigio de la Iglesia, que a fin de cuentas patrocinó con una Bula (21) la conquista de América. El Sumo Pontífice Urbano VIII expidió en 22 de abril de 1639 una bula famosa, reprobando el tráfico de negros y prohibiendo al mundo católico que los privase de libertad. Por conducto del Cardenal Cibo, la

---

(20) Sandoval. "De Instauranda Aet-Hiopum Salute", Capítulo 27, Libro I
(21) La Bula Papal de Alejandro VI (4 de mayo de 1493) llamada "Inter-Caetera", concedió a los reyes de España el dominio de las Indias con cargo y obligación de la conversación de los infieles. A esta Bula le siguieron otras, con amplias facultades. Ver "Compendio Bulario Indico", por Balthasar de Tobar, Publicaciones de la Escuela de Estudios Hispano-Americanos de Sevilla, 1954, tomo I

Congregación de la Propaganda mandó en 1689 a los misioneros de Africa que predicasen contra el uso de vender hombres. Pero nada de esto hizo cambiar la mentalidad de los traficantes, pues continuaron con el negocio, y la Casa de Contratación de Sevilla siguió en esa tarea.

El único cuidado que se tuvo con los esclavos negros fue el de convertirlos a la religión católica, aunque también es cierto que los súbditos del Rey muchas veces desobedecieron esa orden. Por este motivo, en el Sínodo Diocesano que se celebró en Cuba, en junio de 1680, y que fue aprobado por real cédula de 9 de agosto de 1682, mandóse en la Constitución IV "que los que tienen esclavos sin bautizar, los lleven a las parroquias á que reciban el santo bautismo, y á los que se compraron de nuevo les enseñen sus amos la doctrina cristiana". Todo esto constituyó una declaración de buena intención, porque a fin de cuentas, cualquier acto de humanización de la esclavitud negra no era más el reconocimiento a la práctica de un negociado vergonzante, que no cesó, por menos dóciles que parecieron algunas leyes y disposiciones.

Por real cédula de 31 de mayo de 1789, se acordó dar un tratamiento humano a los negros, dictándose reglas sobre su educación y ocupaciones, que iban desde la obligación a los amos de instruir a sus esclavos en los principios de la religión cristiana, hasta darles buen alimento y vestido y una relación de días y horas de trabajo y descanso. Pero la eficacia de esta cédula fue impugnada por los Capitanes Generales de algunas provincias que pidieron se suspendiera porque la misma envalentonaba a los negros y era seguro que esa protección se convirtiera en foco de rebeliones.

III. EL TRAFICO DE ESCLAVOS Y LOS ASIENTOS

La trata de esclavos resultó ser el complemento de la industria del azúcar. Y cuando se desató la fiebre del oro y la plata, a medida que la población indígena iba desapareciendo, la necesidad de importar esclavos negros se convirtió en un sistema mercantilista, que consideró al negro en un objeto del comercio. Mientras las cuatro naciones más influyentes en el comercio negrero: Portugal, Holanda, Inglaterra y Francia, contaron con bases para el desarrollo de ese comercio, España, por el contrario, que poseía el más grande imperio colonial en América, descuidó ese renglón y fue siempre cliente que dependió del excedente de las otras naciones. España careció de una organización social capaz de llevar el modo de vida de nación desarrollada, pese a que se había adelantado políticamente a Europa. Ni siquiera había dispuesto de un mercado interno para consumir los artículos que producían sus colonias. Al llegar el 1600, España había acumulado riquezas provenientes de sus posesiones, pero, como dice Juan Bosch, España tenía en América "la organización política y administrativa de un imperio, pero no era imperio; en cambio, a esa fecha los países que aspiraban a suplantar a España en el Caribe tenían las condiciones internas indispensables para ser imperios y les faltaban las condiciones externas, esto es, el territorio imperial" (1).

España se vio obligada por las circunstancias (carencia

(1)   Bosch, Juan. **De Cristóbal Colón a Fidel Castro** (El Caribe, Frontera Imperial). Ediciones Alfaguara, S. A., Madrid, 1970, p. 27

47

de recursos propios) a conceder a otros toda la compleja operación del comercio de esclavos negros; y no vaciló en otorgar el privilegio del transporte negrero a las Indias Occidentales a empresas extranjeras. Se inició el primer tráfico negrero hacia Santo Domingo y Cuba, cuyos colonizadores españoles ya habían diezmado la población india.

Carlos I otorgó el primer "asiento" el 12 de febrero de 1528 a Enrique Ehinger y Jerónimo Sayler, de nacionalidad alemana, para introducir esclavos negros en tierra de América. Por "asiento" debió entenderse una cosa convenida y sentada, vale decir, un contrato por medio del cual un particular, o una compañía, se comprometía con el gobierno español a transportar esclavos negros a las colonias españolas en América. Para atender ese complejo asunto se creó una junta especial de negros dentro de la Casa de Contratación.

Como se ha dicho, España era poseedora del más grande imperio colonial en América, pero dejó atrás el abastecimiento de esclavos que requerían sus colonias. Esto permitió a otras potencias incursionar en el negocio y decidir incluso en los intereses coloniales de España. La política de las otras potencias estableció el monopolio del abastecimiento, de preferencia para cubrir las necesidades de sus colonias y guardar el sobrante a los españoles; tanto así que España limitaba el número de licencias a concederse en un determinado período de tiempo, pero el asentista se volvía un verdadero monopolista, las revendía por su parte y "se reservaba el derecho de hacer sólo ese comercio, fijándose de antemano la provisión total de negros, a modo de una concesión de servicio público" (2). Pero también España recibía grandes dividendos con este negocio, porque fueron las rentas que produjeron la venta de licencias "lo que permitió levantar los lujosos palacios de Madrid

(2)   Schelle, George. La Traite Négriere aux Indes de Castille. Paris, 1906, tomo I, p. 184

48

y fueron las participaciones en los contratos de Guinea los que fabricaron las casas reales de Lisboa" (3).

El tráfico negrero desembocó en el negocio más productivo porque facilitaba el comercio del contrabando, de suerte que el privilegio de entrar en puertos americanos con cargamentos de negros les confirió a los asentistas la oportunidad de introducir también mercancías, con la excusa de vestir y alimentar a los negros. Pero he aquí que en este comercio de contrabando, los principales delincuentes eran los comerciantes españoles, que obraban en connivencia con los asentistas.

Por varios años y con intervalos cortos, España interrumpió el comercio negrero, debido fundamentalmente a que sus proveedores, Inglaterra, Holanda y Francia, le habían hecho la guerra. Pero como existía el contrabando y además, como estas potencias habían establecido "depósitos negreros" en sus colonias, no dejaron escapar semejantes oportunidades para realizar especulaciones, como acontece con Inglaterra, que desde Jamaica, punto de donde ella exportó muchos negros para cumplir sus compromisos con España, "fue también el seno fecundo que alimentó el contrabando con la isla de Cuba y con los vecinos de la costa del continente" (4). La necesidad del asiento llevó también a los negreros a multiplicar los depósitos y almacenes de negros en las costas occidentales de Africa, a fin de realizar los trueques y transacciones y de extender sus negocios con facilidad.

España trató de realizar por ella misma, sin intermediarios de otras potencias, el tráfico de esclavos negros, en especial porque no le convenía el contrabando efectuado en sus colonias. Esto dio origen a la contrata de 1762 con Miguel de Uriarte, comerciante de Cádiz, cuyas provisiones

(3)   Aguirre Beltrán, Gonzalo. **La Población negra de México**. México, 1940, p. 104

(4)   Saco, José Antonio. Ob. Cit., p. 74

Antigua ilustración sobre las condiciones en que los negros eran transportados del interior de Africa a las costas, para embarcarlos a las tierras de América.

indicaban "que en ese momento la Corona esperaba asegurar una adecuada provisión de esclavos a precios moderados e ingresos fiscales directos de la trata negrera"... y, además "esas provisiones ofre(cían) una visión de las condiciones generales del tráfico esclavista, a los que debía ajustarse el futuro asentista" (5).

Uriarte convino en suministrar anualmente un mínimo de 1,500 esclavos a Cartagena y Portobelo, 1,000 a Cuba y 400 a los puertos de Honduras; mientras que para los de Cumaná, Santo Domingo, Trinidad, Margarita, Santa Marta y Puerto Rico, considerando sus pocos habitantes y la pobreza de éstos, sólo le fue requerido importar entre 500 y 600 por año. Pero el asentista tenía la discreción de suministrar tantos negros más como le ordenara el Rey, así a los puertos mencionados como a otros cualquiera. E imitando la logística de los ingleses, se requirió a Uriarte el establecimiento de un depósito negrero en Puerto Rico, desde donde se reembarcarían, según la necesidad, a los distintos puertos de América. Al desaparecer Uriarte del negocio, entraron otros bajo el nombre de Compañía General de Negros, encargados de aquel privilegio y con autorización de cambiar el depósito de esclavos de Puerto Rico a La Habana, que sirvió de intermediaria y de gran depósito de negros para las Antillas, México y Honduras.

Desde 1789 a 1804 se dieron una serie de disposiciones reales para incrementar el tráfico de esclavos negros a las posesiones de España en América. Todo un rosario de reales cédulas se emitieron para justificar el fomento de la agricultura, permitiéndose a todos los españoles, incluyendo a los residentes en América, pasar en barcos propios o fletados a comprar negros en cualquier lugar que los hubiese, franquicia que abarcó también a los extranjeros. Por real decreto de 22 de abril de 1793 y para asegurar mayor

(5)   Franco, José Luciano. **Comercio clandestino de esclavos.** Editorial de Ciencias Sociales, La Habana, 1980, p p. 72-73

fomento de la agricultura y comercio de las islas de Cuba y Puerto Rico, y de las provincias de Yucatán y tierra firme (Centroamérica), el Rey señaló que "sean perpétuas las gracias, que con dictámen de mi Consejo de Estado, concedí por diez años en el citado Real Decreto de veinte y dos de noviembre de noventa y dos a la isla de Cuba, ampliando la excención de todos derechos, alcabala y diezmos al azúcar en el aumento que tuviese sobre la cosecha actual, y en los ingenios y trapiches que de nuevo se establezcan. Y por lo que queda referido tenga el debido cumplimiento, mando a mis Virreyes, Presidentes y Audiencias, Gobernadores, Intendentes, guarden, cumplan, hagan guardar, cumplir y ejecutar cuanto en esta mi Real Cédula se previene, comunicándola a este fin a los demás tribunales, y personas a quienes corresponda, y tomándose razón de ella en las contadurías generales de dicho mi Consejo" (6).

El Primer Asiento

Para Díaz Soler (7), los contratos celebrados entre el gobierno español, a través de la Casa de Contratación, con los comerciantes españoles y portugueses, hasta antes de 1590, no constituyeron un "asiento", porque no hubo continuidad y carecer también de cláusulas específicas e importantes. Para este historiador, debe hablarse de la institución del asiento a partir de 1595. Y por "asiento" debe entenderse una contratación, una cosa convenida, con las formalidades del derecho público por medio del cual un comerciante individual o una compañía se comprometía con el gobierno español a reemplazar con negros la defi-

(6) Archivo Nacional de Cuba. Real Consulado, legajo 73, No. 2810
(7) Díaz Soler, Luis M. Historia de la esclavitud negra en Puerto Rico. Editorial Universitaria, Universidad de Puerto Rico, 1970

ciente mano de obra que existía en las colonias de América.

De esa suerte puede afirmarse que el primer asiento concebido como tal fue concedido por Felipe II al portugués Pedro Gómez Reynal, el 30 de enero de 1595, obligándose éste en el plazo de nueve años llevar a las Indias los esclavos negros, sacándolos de Sevilla, Lisboa, Angola y Mina, o de cualquier parte del mundo, y por su propia cuenta y riesgos; debiendo pagar 900,000 ducados al gobierno español e introducir a sus colonias en América, cada año, 4,250 esclavos, so pena de pagar 10 ducados por cada pieza que dejase de remitir, es decir, 38,250 en los nueve años distribuidos en las Antillas, Nueva España, Honduras, Río de la Hacha, Margarita y Venezuela, no debiendo traer mulatos, mestizos, turcos, moriscos, ni de otra nación, sino negros atezados de las islas y provincias de la Corona de Portugal. Respaldando medidas que dieran efectividad al asiento, Felipe II ordenó, por medio de tres leyes sucesivas, que se dieran facultades en los puertos de las Indias al despacho de los navíos conduciendo negros, e igualmente el contrabando de otras mercaderías que no fueren esclavos. Con este asiento se inició también la práctica de marcar los negros con un hierro candente, llamado el "carimbo", que identificaría la legitimidad de su introducción.

A la altura de 1598 ocurre la decadencia del poderío marítimo español y el deterioro de su economía, factores estos que se vieron perjudicados con el auge de Inglaterra a través de los mares y las invasiones de sus piratas. A la muerte de los gobernantes de España e Inglaterra sobrevino una paz relativa, dentro de un envidiable poderío inglés y un empobrecimiento de la economía de España. Para rehacerse de los daños y reactivar su economía y la de sus colonias de las Indias, se volvió a la institución de los asientos y la Junta de Negros comenzó a funcionar efectívamente (8).

(8)   Schelle, George. Ob. Cit., tomo 2

Con fecha 13 de mayo de 1601 se celebró otro asiento entre la Corona española y el portugués Juan Rodríguez Coutinho, estableciéndose una nueva especificación contractual, como ser de que los negros debían ir acompañados de sus mujeres e hijos; comprometiéndose el asentista a pagar 170,000 ducados anualmente y a dar una fianza de 250,000 ducados, a objeto de introducir 600 negros anualmente en La Española, Cuba y Puerto Rico; 200 en Honduras; 700 en Nueva España y 500 en Santa Marta, Río de la Hacha, Margarita, Cumaná y Venezuela. Este asiento debió durar nueve años, pero con la muerte de Rodríguez Coutinho apenas lo cumplió hasta 1603, habiéndose, no obstante, firmado un nuevo asiento el 8 de mayo de 1605 con su hermano Gonzalo Váez Coutinho por todo el tiempo restante y bajo las mismas condiciones anteriores.

El asentista Antonio García y Sebastián Silices se comprometieron, previo arreglos efectuados con los holandeses, a distribuir desde Curazao miles de esclavos a las costas de Tierra Firme. Por un plazo de cinco años comerciarían 4,000 esclavos a las posesiones españolas de Portobello, Cartagena, La Habana, Veracruz, Campeche y Honduras; pero el contrato quedó rescindido dos años después.

El haber recurrido al tráfico de esclavos a través de negreros, que actuaban individualmente, presentó algunos problemas de seguimiento o responsabilidad en el cumplimiento del contrato. Fue así como entró a operar el nuevo sistema de las Compañías, verdaderos centros de operación mercantil. En 1696 se fundó la Compañía Real de Guinea por negreros portugueses y ellos redactaron contratos bajo cláusulas muy sofisticadas que revelan la naturaleza esclavista y el conocimiento cabal del ruin oficio. La Compañía se comprometió a introducir, a partir del 7 de julio de 1696 al 7 de mayo de 1703, hasta "10,000 toneladas de negros, estimada cada una en 3 piezas de Indias, de la medida regular de 7 cuartas". La condición sexta decía "que respecto que la Compañía de Guinea ha de conducir en bajeles propios o agenos, como sean de amigos de esta Corona, la armazón de negros a todos los puertos que las Indias, los cuales son los mismos que se concedieron a D. Nicolás Porcio, que es Cumaná, Caracas, La Habana, Cartagena, Portobello, Honduras y la Vera Cruz, transportándolos desde las costas de Guinea y demás partes que le convenga . . ." (9).

Como se observará, las reglamentaciones de este contrato para vender un esclavo negro eran estrictas, pues el convenio se firmaba por "piezas de Indias", es decir, individuos de 7 cuartas de altura (un metro y ochenta centímetros aproximadamente). Esto se interpretaba así: cuando un esclavo no llegaba a aquella altura, se le completaba con parte de la de otro, o con algún niño cuya talla midiese justamente lo faltante para las 7 cuartas.

El asiento con Nicolás Porcio, es muy importante de destacarlo, suscrito el 27 de enero de 1862, como ajustador y en calidad de apoderado de Juan Barroso del Pozo, estaba habilitado para introducir negros en Cartagena, Portobello, Cumaná, Caracas, Veracruz, Honduras y La Habana. Este asiento tuvo una duración de cinco años, obligándose a importar anualmente 4,000 negros, pagando 112 pesos y medio de derecho por cabeza. La distribución fue la siguiente: En Portobello: 2,000, con facultad de venderlos al Perú y Panamá; en Cartagena: 700; en La Habana, Veracruz, Campeche y Honduras: 700, y el resto entre Puerto Rico, Santo Domingo, Trinidad, Margarita, Guayra, Caracas y Maracaibo (10).

La fiebre del comercio de negros se extendió con otros países europeos, no importando la guerra que por

(9) Acosta Saignes, Miguel. **Vida de los esclavos negros en Venezuela.** Editorial Hespérides, Caracas, 1966, p. 8
(10) Colección de Tratados entre España y las Naciones Extranjeras hasta Felipe V, por José Antonio de Abreu

varios años sostuviera España con Austria, Inglaterra, Holanda, Prusia, Saboya y Portugal. Nuevos elementos en la contratación dieron lugar a la creación de la Compañía del Mar del Sur, con intereses de aquellos países que obtuvieron de España el más grande asentamiento, con una duración de 30 años, a partir de 1713 y con la obligación de introducir 144,000 negros de ambos sexos. Esto dejaba a los monarcas de España un pingüe negocio por concepto de impuestos y se determinaba no señalar puertos particulares de desembarco, dejando abiertas las puertas de todas las colonias españolas para inundarlas de negros africanos.

Preocupada España por mantener su prestigio de gran Metrópoli en Europa, pero más que todo para darle impulso a sus colonias y mejorar las rentas de La Hacienda Real, se dictaron medidas proteccionistas que tendieron a crear para España el monopolio del comercio marítimo, incluido todo tipo de mercancías, hasta el tráfico de negros. Por Real cédula de 16 de enero de 1774, se prohibió a los cuatro reinos del Perú, Nueva España, Guatemala y Nueva Granada, el comercio entre sí por la Mar del Sur. Y por decreto de 12 de octubre de 1778, señaláronse como puertos de destino para las embarcaciones que realizarían libre comercio de manufacturas y productos de las mismas islas, los siguientes: San Juan de Puerto Rico, Santo Domingo, Santiago de Cuba, Trinidad, Batabanó y La Habana, en la isla de Cuba; los dos de Margarita y Trinidad; Campeche en la provincia de Yucatán; el golfo de Santo Tomás de Castilla y el Puerto de Omoa en el reino de Guatemala; Cartagena, Santa Marta, Río de la Hacha, Portobello, y Chagre en el de Santa Fe y Tierra Firme; Montevideo y Buenos Aires en el río de la Plata; Valparaíso y Concepción en el reino de Chile; y los de Arica, Callao y Guayaquil en el reino del Perú y Costas del Mar del Sur.

Algunos historiadores estiman que este decreto desalentó el contrabando de negros, pero no fue así. La guerra que España mantuvo con Inglaterra obligó al Consejo de Indias, mediante resolución del 13 de febrero de 1783, conceder a sus súbditos de América, con excepción de Río de la Plata, Chile y Perú, la facultad de proveerse de negros de las colonias francesas, mientras durase la guerra. Y por licencias españolas de 1783 y 1784 se introdujeron más de 15,000 negros a través de Cuba.

Piratas y Contrabandistas

Piratas, corsarios, filibusteros y contrabandistas, operando en los siglos XVIII y XIX, contribuyeron a destruir el dominio español en América y se dedicaron, con cruel intrepidez, a la trata negrera e infligieron terribles pérdidas al poderío naval y comercio colonial.

El auge de la piratería surgió como producto natural del régimen colonial. Emboscados entre las islas y cayos del Caribe, acechaban el paso de las naves españolas para caerles y arrebatarles el producto que conducían a la Corona. Aquellos dominios del mar, entre filibusteros normandos y bretones, holandeses e ingleses, recibían apoyo del gobierno francés en guerra con España y se les dio patente de corso y bandera. Su explicación era muy simplista, como ser, proteger su comercio y aniquilar el de sus enemigos. Y lo afirmaban con particular orgullo en una carta de Puerto Rico, del 7 de julio de 1798, que decía: ". . no te puedes imaginar la cantidad prodigiosa de presas inglesas o americanas, cargadas para establecimientos ingleses, que nuestros corsarios conducen todos los días a los puertos de Guadalupe, Puerto Rico, Santo Domingo, Cayena, Curazao, San Eustaquio. ." (11).

Era explicable que España sufriera los duros embates de este cruel sistema, pues la Corona se había aferrado

(11)   Cita de José Luciano Franco. **Ensayos Históricos.** Editorial de Ciencias Sociales, La Habana, 1974, p. 51

obstinadamente al monopolio comercial, imposible de mantenerse en pleno ascenso de la revolución industrial. La piratería y el contrabando de mercancías y productos establecido entre Jamaica y Centroamérica pasaban en el año 1817 de 250 millones de pesetas (12). Tanta hostilidad provocaron los piratas y corsarios franceses que los españoles se vieron obligados a procurar ayuda de los ingleses de Jamaica, a fin de que dieran protección a sus naves que se dirigían del Caribe a España.

Los efectos de la piratería y de los corsarios había creado un clima de inactividad comercial en Honduras, y la falta de navíos hacía que el comercio se dificultara y que se realizara por tierra. Prácticamente el temor a los corsarios impedía que llegasen navíos de España. Y respondiendo a las inquietudes de la población, por real cédula de 26 de octubre de 1546, firmada en Madrid, se mandaba a la Real Audiencia de los Confines que "todos los vecinos de la costa de esas provincias (Gobernación de Guatemala) estuviesen sobre aviso para que si acaso fuesen algunos corsarios no los dejasen saltar a tierra". En otros dominios reales se cumplió el mandato de construir fortificaciones, no así en Honduras, que quedó desamparada por todos esos años (1545-1559).

El primer ataque pirata lo sufrió el puerto de Trujillo, según se tiene noticia, el 7 de julio de 1558, cuando 200 piratas franceses llegaron en dos naos y robaron y quemaron el pueblo; pidieron fuertes sumas de rescate y se llevaron más de cien mil pesos. La Real Audiencia, con residencia en Guatemala, dispuso medidas urgentes de protección para las ciudades de San Pedro y los puertos de Caballos y Trujillo. Pero las incursiones piratas continuaron y obligaron al Rey a dictar una cédula, el 25 de marzo de 1561, donde informa al Alcalde Mayor de la provincia

(12)   "El Sistema prohibitivo y la libertad de comercio en América", No.283, p. 71, Revista de España, 13 de diciembre de 1879

Henry Morgan (1635-1688), el más famoso de los piratas ingleses, hizo fortuna en Panamá. En 1666 llegó a las playas de Honduras, donde robó, torturó y mató gente. Entre los tormentos favoritos contábase el de quemarles los pies a las víctimas o colocarlos en hamacas, poniéndoles debajo un fuego lento.

de Honduras sobre el peligro de la piratería y le manda "Que luego que esta recibáis, proveáis que los vecinos de esa provincia y puertos de ella estén armados y apercibidos, y a punto de guerra y en su buen orden repartirlos en escuadras y compañías para que no puedan recibir daño de los corsarios en caso que pasen a esas partes" (13).

Las disposiciones reales en nada resultaron porque Trujillo y Cortés fueron atacados y saqueados, de lo cual fue informado el monarca, quien el 5 de mayo de 1561 ordenó que los 30 corsarios franceses capturados en Guanaja fuesen enviados a Comayagua y enviados a trabajar "a las minas que Nos tuviéremos en esa tierra, y si no tuviésemos minas, que trabajen en otras y particulares y que lo que ganaren sea para nos. . ." (14).

Las frecuentes incursiones de piratas y corsarios tenían una cierta predilección por las costas hondureñas, en conocimiento de su poca defensa, lo que les daba ventaja para caer por sorpresa y cometer toda clase de crímenes. Por el año de 1598 ya se habían hallado los ricos minerales de plata de Goascorán, San Marcos, Agalteca, Tegucigalpa y Apazapo. La producción daba de seis a diez onzas por quintal, aún cuando ninguno de ellos se trabajaba en grande por falta de mano de obra y azogue. Este mineral venía de España en barcos debidamente custodiados, que generalmente conducían todas las otras mercaderías que necesitaban las provincias. Esa ruta periódica la conocían los piratas y sabían además que por esas naves se transportaban los productos de América a España. Uno de esos piratas, Guillermo Parker, se convirtió en un desalmado asaltante del mar y en 1598 logró reducir fácilmente a Puerto Cortés y cometer una espectacular robo de tinta de

(13)   AI. 23. Legajo 1512. Folio 285. A.G.D.C.A.

(14)   Monumenta Centroamicae Histórica. **Colección de documentos y materiales de Centroamérica,** Instituto Centroamericano de Historia, Universidad Centroamericana, Managua, 1965, volúmen I, p. 486

añil, zarzaparrilla, cacao, cueros, liquidámbar, vainilla y otras especies que estaban listas para embarcarse a España. Ese fue un duro golpe contra España, pero ni así tuvo mayores aprestos.

Trujillo siguió siendo un puerto apetecido para las incursiones de piratas. Para 1643 la población contaba con unos 150 españoles y más de 600 indios. Había un fuerte número de esclavos negros, pero no se podían contar porque ellos no tributaban. Era una población pacífica y sin defensa militar suficiente. En ese año se presentó el pirata Guillermo Jackson con 16 navíos y hasta 1,500 hombres, en su mayoría colonos puritanos de las posesiones inglesas en Norte América. Tomó la ciudad el 20 de julio sin disparar un tiro y la saqueó; levantó planos de toda la región y visitó las islas de la Bahía. El viaje a Trujillo era meramente estratégico, pues en Roatán esperaría 20 navíos con 10,000 hombres que lo llevarían a la bahía de Lisboa, para tomar también otros 100 barcos y con los cuales tomaría Cartagena de Indias, su presa codiciada. Antes de largarse a tan difícil y atrevida empresa, el 26 de agosto, se alejó de Trujillo, convertida en una hoguera y todavía le quedó tiempo para sus caprichos, llevándose cautivos a unos cuantos negros y mulatos para que le hicieran "cazabe" en abundancia.

Las noticias del pirata Jackson asombraron con razón y movió a las autoridades de Guatemala a preparar de urgencia la fortificación práctica de las ciudades más importantes. Se mandó cegar todos los llamados caminos hacia Puerto Caballos, fortificar Golfo Dulce y despoblar Trujillo. Otro tanto se hizo con los pueblos de indios de la costa, trasladando sus moradores, unos a Olancho y otros a San Pedro. Las haciendas y estancias de ganado se internarían, a efecto de que los piratas encontrasen las comarcas desiertas y sin posibilidades de abastecerse. También se procedió a despoblar las islas de la Bahía, con tan mala disposición porque ello permitió que los ingleses tomaran Roatán y Guanaja sin mayores dificultades.

Después de 1643 en que los piratas saquearon y arruinaron la ciudad de Trujillo, el comercio quedó también anulado y el Rey mandó cerrar el puerto. La población española que trabajaba en haciendas cerró sus trapiches y se regresó a España. Otros ricos intentaron probar mejor suerte en Guatemala. Al quedar la provincia de Honduras casi desguarnecida, los ingleses tomaron posesión de toda la costa y por muchos años se dieron la gran vida, porque los minerales continuaron dando plata y el contrabando floreció. En 1666 llegó a la costa norte el verdugo del mar, el Olonés, más sanguinario que todos los piratas juntos; y también lo hizo el pirata Morgan, tan célebre como aquél por dedicarse a quemar pueblos, robar, torturar y matar a la gente. Entre los tormentos favoritos contábase el de quemarles los pies a las víctimas o colocarlos en hamacas, poniéndoles debajo un fuego lento.

Contrabandistas y negreros fueron confundidos con los piratas (15) porque todos se dedicaban a la venta de esclavos traídos de Africa y productos manufacturados de Europa a cambio de los azúcares, cueros y productos medicinales que producían las colonias españolas. Pero entre todos los aventureros, los dos primeros ejercían su negocio con menos violencia. Los otros se dedicaban a acechar el retorno de los galeones hacia España para despojarlos de sus tesoros. Esto obligó a España a que todo el comercio entre Sevilla y las Indias se llevara a cabo periódicamente en flotas escoltadas por una armada de guerra. El sistema

(15)   Los piratas son confundidos también con los bucaneros, corsarios y filibusteros. Los bucaneros eran originalmente cazadores de animales cimarrones en La Española, para vender la carne ahumada ("bucán") a los buques extranjeros, pero al decaer la cacería, muchos de estos hombres se lanzaron al merodeo en las aguas cercanas. Corsarios eran los aventureros con patente de corso de su gobierno para legalizar su robo y destrucción de los barcos y las poblaciones enemigas. Filibusteros eran los hombres que se dedicaban al hurto en las costas en ligeras embarcaciones denominadas "filibotes".

de navegación contribuyó a disminuir las pérdidas del tesoro español, pero al mismo tiempo resultó muy costoso y contribuyó al contrabando.

Abolición de Esclavos

Si el azúcar y el oro eran la mayor actividad mercantil en América, el comercio de esclavos negros fue "su mayor pilar y soporte", y estaban así inseparablemente unidos. Y esa situación se aceptó como una necesidad y como parte esencial del sistema económico. El comercio exterior del azúcar y el oro y la plata producía la principal fuente de riqueza, hasta fines del siglo XVIII, a Inglaterra, Francia, Holanda, Portugal y España. El comercio de esclavos era su complemento porque proveía de mano de obra y utilizaba muchos barcos. Los que interponían algún recelo a esta práctica recibían la respuesta de que las víctimas ya eran esclavos antes de que los traficantes los compraran. Pero comenzó a producirse un movimiento emancipador.

Dos hechos importantes contribuyeron a que, paulatina pero severamente, se fuera extendiendo en América la abolición de la esclavitud negra: la independencia norteamericana y la revolución francesa. La ley de abolición de la esclavitud de 1780 producida en Norteamérica fue el primer eslabón a la cadena de la esclavitud, al proclamar "que ninguna criatura que nazca de aquí en adelante pueda ni deba ser esclava: que los niños negros y mulatos mayores de veinte y ocho años puedan ser siervos: que se forme un registro general de esclavos antes del primero de noviembre: que sean juzgados como los demás habitantes y que negro ni mulato alguno, a excepción de los niños, puedan ser obligados a servir más de siete años".

También en el Parlamento inglés se presentó en 1783 un proyecto de ley para arreglar el comercio de la Compañía Africana y prohibir a sus empleados el poder exportar negros de Africa. Esta legislación, como posteriores decisiones del Reino, fueron sin lugar a dudas las primeras semillas que posteriormente insignes diputados como Williams Wilbeforce, Guillermo Smith y Guillermo Dalben regaron para cultivar una valiente y eficaz legislación sobre la prohibición del tráfico de esclavos negros.

A todo esto España se mantenía cautelosa y apenas pudo reaccionar al proyecto de Miguel Guridi y Alcocer, diputado mejicano ante las Cortes Constituyentes reunidas en Cádiz, que en sesión del 26 de marzo de 1811 formuló 8 proposiciones sobre la abolición del tráfico de esclavos negros. Tal proposición causó revuelo en algunas provincias de América, que temían sus resultados y se pedía a las Cortes que "tratara este asunto con toda la reserva, detención y examen que su gravedad requiere, para no perder esta importante isla...", decía el Gobernador de Cuba, Marqués de Someruelos, en carta al Rey español. Y el asunto durmió pacientemente en las Cortes.

Fue hasta 1815 que volvióse a tratar este delicado caso, ahora con la intervención de plenipotenciarios de las ocho potencias europeas (Rusia, Austria, Prusia, Suecia, Inglaterra, Francia, España y Portugal), reunidas en el Congreso de Viena, que lograron aprobar una declaración solemne de rechazo a ese comercio afrentoso a la humanidad, pero sin poder acordar medidas concretas para su abolición inmediata. Ello se debió a la actitud de España y Portugal, principales potencias negreras, opuestas a romper de inmediato con ese negocio lucrativo. Inglaterra, que desempeñara papel importante en el Congreso de Viena, continuó negociando con España para hacerla revocar su actitud. En 23 de septiembre de 1817 se firmó entre Inglaterra y España un convenio que obligaba a que el tráfico de esclavos quedase abolido al 30 de mayo de 1820; entendióse que no sería lícito, a partir de esa fecha, a ningún súbdito español comprar esclavos o continuar su tráfico, bajo ningún pretexto, o de cualquier manera que fuere. Para darle más fuerza a este convenio, el gobierno

Juan David Nau, llamado el Olonés, el pirata francés más
sanguinario de todos los piratas juntos; llegó a Trujillo y
empleó los métodos más crueles de tortura. Fue muerto
en una emboscada de los indios caníbales que poblaban la
isla de Tortuga.

español expidió la real cédula de 19 de diciembre de 1817, publicada por bando en todas las colonias de América. Pero de las palabras a los hechos hubo un abismo y la violación sistemática de los acuerdos, por parte de España, fue un hecho desafortunado. Los argumentos y las vías de hecho que hicieron posible la violación constante a estas resoluciones radicó en la falacia de considerar la abolición como una calamidad.

Inglaterra siguió presionando a España para el cumplimiento del tratado de 1817, y en 1822 firmó el gobierno español una ampliación a ese convenio; pero no por eso cesó el tráfico de esclavos. Inglaterra continuó advirtiendo a España la observancia de sus obligaciones y fueron retiradas las protestas y amenazas que se le hicieron entre 1825 y 1831, sin resultado alguno. El negociado seguía siendo próspero; uno de los países que más lo sufría era Cuba, porque se estimó siempre que su agricultura decaería sin el comercio de negros.

El negocio de esclavos negros fue tan productivo que siguió operando por muchos años, aún después que las potencias europeas habían abolido la esclavitud como sistema económico. En Inglaterra se había fundado una Sociedad Antiesclavista que libraba una intensa campaña contra el inhumano negocio. Pero los gobernadores ingleses en las colonias de América actuaban en nombre de la libertad del comercio, defendían los intereses de los negreros y propietarios de esclavos y censuraban a las nuevas repúblicas latinoamericanas que habían dado leyes abolicionistas.

Al separarse las provincias de Centroamérica del Reino de España, el 15 de septiembre de 1821, se fortaleció un movimiento abolicionista que abarcó tanto a esclavos como a los negros; y de resultas la Asamblea Nacional Constituyente de las Provincias Unidas de Centroamérica emitió el histórico decreto de abolición de la esclavitud, el 20 de abril de 1824, marcando esa fecha todo un proceso liberador del hombre, que fue posteriormente recogido en las constituciones nacionales.

La política de los gobernadores ingleses en el Caribe y Centroamérica contradijo abiertamente las leyes y disposiciones dictadas por el gobierno y el parlamento, cuyas voces de libertad del hombre habían generado un remozamiento del sistema político inglés. Esa actividad de los gobernadores confundió a las nacientes repúblicas centroamericanas, que se encontraron presionadas por los negreros ingleses, confrontándose así serios problemas.

Ello se desprende de las comunicaciones del general Codd al Conde de Bathurst, desde la Casa de Gobierno de Belice, de junio 1825, en cartas dirigidas a Londres, denunciando el tránsito de centenares de fugitivos esclavos negros desde Belice hacia Guatemala para gozar de libertad y donde se les daba protección, de acuerdo a la Constitución. El Congreso de Guatemala se había reunido para decidir si se entregarían los negros fugitivos, pero después de acaloradas discusiones, en las que se habló de que no existía ningún tratado con el gobierno inglés sobre extradición y de que no pretendían "proteger o disculpar al bárbaro tráfico de esclavos, sino respetar los derechos de un Estado vecino", resolvió definitivamente que fuera el poder Ejecutivo "en ejercicio de sus facultades y de conformidad con la ley (el que) pueda tomar medidas para devolver los esclavos fugitivos de Belice, determinar lo que parezca más conveniente y regular en cuanto al tiempo" (16).

Los problemas continuaron porque el 4 de mayo de 1826 se repitió otra denuncia desde Belice, debido, se dijo, a que las reclamaciones a Guatemala fueron vanas y que esa República "aún les ofrece estímulos y seguridad" y porque al desertar "muchos de los negros más buenos y mejor dispuestos" provocaban la ruina y pérdidas a los habitantes de Belice y a su vez "en la pérdida para Gran

(16)   Webster, C.K. **Gran Bretaña y la Independencia de América Latina.**
Buenos Aires, 1944, tomo I, p. 108

Bretaña de una influencia y situación altamente ventajosa para ella que domina en todo sentido los intereses de estas Provincias, circunstancia que no sólo es muy deseada por Guatemala sino por los Estados Unidos de América (17).

El comercio clandestino de esclavos terminó en Centroamérica desde 1821 y cesó en importancia en los países suramericanos y en todas las islas de las Antillas, excepto Cuba y Brasil; sólo Cuba constituyó el mercado más grande para el negocio, en especial porque había ampliado las plantaciones azucareras, que demandaba mano de obra esclava y, según una comisión británica, "se informó en 1836 que se habían desembarcado en Cuba, en un solo año, 70,000 esclavos; la mayoría permanecieron en la isla, pero algunos —nadie sabe cuantos— fueron exportados a Estados algodoneros" (18). José Antonio Saco señala que desde 1835 a 1839, solamente por el puerto de La Habana entraron 180 buques procedentes de Africa con 63,055 esclavos y por Santiago de Cuba entraron por lo menos 12,000 bozales.

El tratado entre la Reina de España y el Rey de Gran Bretaña e Irlanda, para la abolición del tráfico de esclavos, fue concluido y firmado en Madrid el 28 de junio de 1835 y estaba redactado en tal forma que hacía obligatorio su cumplimiento. Pero en la práctica la ley fue letra muerta porque el tráfico de esclavos continuó, tanto así que el Papa Gregorio XVI expidió una Bula el 3 de diciembre de 1838, prohibiendo el tráfico tan impío. Tampoco esta interdicción afectó a los negreros, los que se aferraron al tiempo y a la expansión de las nuevas fuerzas productivas.

El último país americano que vio abolida la trata negrera, a la par de Cuba, fue Puerto Rico, allá por los años de 1860 y 1870. Por una de esas paradojas, la potencia negrera, Inglaterra, favorecía el cese de este comercio, por-

(17)   Ibidem.
(18)   Mannix, Daniel P. y Cowley M. Ob. Cit. p. 171

que el régimen esclavista no funcionaba como sistema económico; los ingleses impulsaban otro régimen de trabajo que apoyara el dinámico crecimiento demográfico de una sociedad de varios tipos étnicos y que promoviera el trabajo libre.

El fin del comercio en Puerto Rico se vio provocado por una pertinaz vigilancia del consulado Británico que no cesó en denunciar la salida y entrada de esclavos. Fue esa una época de "hostilidad de Inglaterra a la trata negrera, sobre todo en la época de Palmerston", que infundió un duro golpe al comercio negrero en Puerto Rico. Pero se retoma el camino de Cuba, que recibió especial apoyo y estímulo de los negreros norteamericanos, "bajo cuya bandera navegan algunas de las embarcaciones más veloces de la época, los famosos "clippers", diseñados especialmente para una larga travesía "y que estará al mando de Francis Bowen, el famoso "príncipe de los negreros" (19).

Lincoln había llegado a la presidencia de los Estados Unidos y tenía una posición clara respecto a Cuba, que no sólo condena el tráfico negrero sino que captura y castiga a los negreros, llevado por un sentimiento de pena, pero también por "oponerse a la ocupación española de Santo Domingo" (20). El 7 de abril de 1862, Inglaterra y Estados Unidos firman el tratado mediante el cual se establecieron tribunales mixtos en Nueva York, Sierra Leona, Cabo de Buena Esperanza, Madagascar, Santo Domingo y Puerto Rico, con el derecho a registro y detención de los buques sospechosos de dedicarse a la trata negrera tan sólo dentro de una zona de 200 millas de la costa africana, en ciertas latitudes y dentro de 30 millas alrededor de la costa cubana. Ese tratado constituyó "el más grande acto de la administración" y en verdad, una medida de guerra "que buscaba

(19)   Morales Carrión, Arturo; Ob. Cit. p p. 213-236
(20)   Soulsby, Hugh. The Right of Search and the Slave Trade in Anglo-American Relation, 1814-1862. Baltimore, 1963, p. 173

influir favorablemente en la opinión pública de Inglaterra y Europa respecto a los intereses de la Unión" (21).

Guerra de los Siete Años (1856-1863)

Los elementos causantes de esta guerra hay que encontrarlos en la lucha por conquistar el mercado español de esclavos y de artículos manufacturados y por aplastar el contrabando inglés. Lo que en ella se decidía era el control del negocio azucarero y de la trata de negros, fundamentalmente, y en ellos Inglaterra mantenía su hegemonía, basado en el poderío naval indiscutible.

Las pequeñas colonias francesas e inglesas en América producían anualmente cuantiosas riquezas y la trata negrera era un monopolio inglés, teniendo a Jamaica por mercado continental de esclavos y de allí se surtían Cuba, México, Centroamérica y Perú.

Al entrar España en esa guerra estaba reinvindicando para su nuevo rey, Carlos III, las posesiones de Gibraltar y de Menorca y la costa de la Mosquitia en Honduras, donde los ingleses mantenían estrecho control. Esa fue una guerra de dominio imperial que se decidió con la toma de La Habana (1762), porque Cuba era en esa época un negocio atractivo para el comercio inglés y "una avanzada defensiva del imperio español en América del Norte; en verdad, una posición clave para dominar el golfo de México y el mar Caribe" (22). De toda suerte, la toma de La Habana significó el más duro golpe a España y por aquella ciudad debió pagarse los precios más caros del erario inglés, más de un millón y medio de libras esterlinas, algo así

(21)   Ibidem.
(22)   Le Riverend, Julio. "Cuba Socialista", No. 13, Septiembre de 1962, La Habana, p. 43

como el equivalente de 30 millones de dólares actuales (23). De todos modos, también España pagó su precio, pues tuvo que ceder a Londres la península de la Florida, la costa de la mosquitia de Honduras, el derecho de pescar en aguas de Terranova y abandonar la isla de Menorca a los franceses.

(23) Pérez de la Riva, Juan. Documentos Inéditos sobre la Toma de La Habana por los Ingleses en 1762, Colección Cubana, Biblioteca Nacional "José Martí", La Habana, 1963, p. 47

IV. DESPOJOS DE LA CONQUISTA

El descubrimiento y conquista de Centroamérica fue prácticamente una invasión despiadada. Aseguradas las rutas de tránsito establecidas, no estaban los españoles, por otro lado, bien preparados para encarar, recién llegados, todos los pormenores de su aventura. Su presencia tuvo el resultado de la devastación, el rompimiento y la mortandad. Los indígenas no pudieron resistir a la barbarie y a penas se defendieron por sus aliados naturales: las epidemias, viruelas, plagas de neumonía y tifus, que diezmaron a los conquistadores. Los pleitos y rivalidades entre invasores y el temor a Moctezuma actuaron también como agentes en contra de los extraños. Existen evidencias de que Moctezuma trató desesperadamente de unir diversos imperios indígenas, incluidos los de Guatemala, que mantenían grandes hostilidades, para formar un solo ejército y combatir al invasor (1).

Los métodos y sistemas de la conquista se volvieron fáciles de operar al proceder con la captura de indios, someterlos a un régimen de esclavos y dedicarlos al comercio de exportación. Este comenzó inmediatamente, vía la costa del Pacífico de Nicaragua a Panamá y Perú y de los puertos de la costa norte de La Bahía de Honduras a las islas mayores del Caribe. A juzgar por algunos informes, la captura y exportación de indios mostró un espíritu de

(1)   Recinos, Adrián; Goetz, Delia y Chanay, Dionisio José.   **The Annals of the Catchiquels: Title of the Lands of Totonicapan.** University of Oklahoma Press, p p. 555-558, 1953

resistencia, en condiciones verdaderamente admirables, sólo atribuible "a que muchos indios, de ser maltratados, eran muertos y otros idos; y porque haciendo esclavos los indios a diestro y siniestro, los habían vendido y sacado de la tierra, los que quedaban huían a los montes y se dejaban morir por salir de tan grande sujeción" (2).

Los indios de la provincia de Honduras eran muy singulares y fue así como los vio Colón en su descubrimiento de Guanaja. Estando en esas islas, Colón vio unas cuantas embarcaciones indígenas que no eran simples canoas, y oyó hablar una lengua que él llamó mayano. Al recorrer las islas adyacentes a Guanaja se detuvo a ver una de esas embarcaciones y encontró que era "tan larga como una galera, de ocho pies de anchura, con 35 remeros indios ' y cargada con espadas de pedernal, telas de algodón, cobre, campanas y cacao. Se trataba del primer rastro del tráfico comercial entre pueblos vecinos de elevada cultura, como los aztecas, toltecas y mayas, para quienes el cacao era la moneda que usaban en el comercio (3).

La rebeldía del indio encontró en Honduras una particular respuesta. En las Antillas, principalmente en La Española, Cuba y Puerto Rico, los alzamientos y despoblamientos de indios comenzaron, también, con la misma conquista y ya para 1516 la situación se volvió crítica, haciéndose necesario recurrir a su casería e importarlos de otras tierras. De esa suerte se relata el sonado caso, verdaderamente ejemplar para el indio hondureño de esa época. De Cuba salieron hacia Guanaja unos 80 españoles, en dos naves, en la primera cargaron de indios y la despacharon hacia La Habana, mientras unos 25 de los cazadores se quedaban con otra embarcación con el propósito de recoger más indígenas. Al llegar a aguas cubanas, los españoles

(2)   Oviedo, Gonzalo Fernández de. Ob. Cit., Tomo III, p p. 386-388
(3)   Milla, José. **Historia de la América**, Colección "Juan Chapín", Volúmen XI, Tipografía Nacional, Guatemala, 1937, p p. 156-159

bajaron a tierra para divertirse y dejaron sólo a los indios en la nave con muy poca guarda. Los indios se dieron cuenta de su privilegiada situación, mataron a los contados guardas y en el propio barco volvieron a Guanaja; siendo esta una proeza, pues, sin conocer el manejo de la carabela fueron capaces de conducirla con tanto tino que no perdieron el rumbo. Pero sucedió algo más. Al llegar a Guanaja, los indios hallaron a los españoles que se habían quedado allí en busca de más indios y los atacaron con sus propias armas, obligándolos a huir.

El Gobernador de Cuba, Diego Velásquez, supo esa increíble historia y mandó que salieran dos naves a perseguir a los audaces indígenas. Las dos naves llegaron a Guanaja y sus tripulantes capturaron unos 500 indios, hombres y mujeres. Una vez encerrados bajo cubierta, los españoles se dedicaron a divertirse en tierra. Otra vez los indios se aprovechan, quitándoles sus armas y se traba una dura batalla, que terminó en una acción encarnizada (4).

Se prefiere al indio

La fama del indio hondureño era bien conocida y se les prefirió en el tráfico que se realizó para las Antillas, cuyas islas padecían seriamente de mano de obra para sus ingenios de azúcar.

Las luchas entre conquistadores fue también una pugna por el comercio de indios. Las diferencias entre Cristóbal de Olid, Francisco de las Casas y Gil González Dávila habían llegado a un punto de crisis por el dominio del poder en Honduras y para resolver ese enredo intervino la Real Audiencia de Santo Domingo, a la que pertenecía

(4)   Milla, José. Ob. Cit., Tomo I p. 316

Honduras. Se despachó a uno de sus miembros, el fiscal Pedro Moreno, pero éste, para no perder un viaje tan largo, les exigió a los vecinos de Trujillo, además fuesen al interior a capturar todos los indios que pudieren y se los entregasen; lo que en efecto se hizo, apoderándose de unos cincuenta de los nativos. Moreno los embarcó en la carabela y satisfecho con el negocio y presa que había hecho, regresó a Santo Domingo a dar cuenta del desempeño de su misión y a realizar su mercancía humana (5).

Tan pronto el gobernador electo, Diego López de Salcedo, llegó a Trujillo (miércoles 24 de septiembre de 1526), en carta informaba al rey de su llegada, sobre las costumbres y estado de los capitanes españoles. López de Salcedo se espantó de la conducta de sus compatriotas contra los indios; aunque más tarde él se convertirá en otro verdugo. Pero le describe al rey la obediencia de los indios, que se les hacía daño "matándoles y haciéndolos esclavos" y que se los han llevado para la isla Fernandina o "que los yerran de esclavos no sé a que causa". Le dice al rey que se ha quejado de ello ante Gonzalo de Guzmán, gobernador de Cuba, haciéndole saber "que la gente de estas islas está pacífica y sirve al rey" y que le han dicho "que de aquella isla han venido algunos navíos que han llevado y muerto mucho de ellos, tanto que las islas estaban casi despobladas... y le requieren no mandase ni consintiese que carabela ninguna viniese a las dichas islas hasta tanto que el rey mande proveer lo que a su real servicio convenía" (6).

El comportamiento del gobernador Salcedo cambió muy pronto ya que en carta al rey, de 26 de febrero de 1527, pidió que se declarasen como esclavos a los indios

(5)   1525. Trujillo. Información sobre que Pedro Moreno sacó de Honduras como esclavos 50 indios. 12, 175-179; 10, 541-545. I.C.D.I.

(6)   Colección Muñoz. Real Academia de la Historia, Madrid. Tomo 77, Folio 368

que fuesen culpables de actos hostiles contra los españoles; reaccionando así por las noticias que los caciques de Trujillo, Comayagua y Olancho se habían rebelado (7).

Desde Santo Domingo había salido una expedición al mando a Gil González Dávila a principios de 1524 y desembarcado en una extensa costa de Honduras, donde fundó el puerto de Caballos. El 3 de mayo de 1524 había llegado al norte de Honduras otra expedición procedente de Veracruz, al mando de Cristóbal de Olid, en donde funda la villa de Triunfo de la Cruz. Otro capitán, Francisco de las Casas, llegó al Triunfo de la Cruz, meses después, con cinco navíos bien artillados y bastecidos y 100 soldados, con instrucciones de capturar a Cristóbal de Olid, que les había traicionado. Fueron tres por consiguiente los capitanes españoles que con sus huestes se encontraron en Honduras. La rivalidad determinó la alianza entre las Casas y Dávila, para ejecutar en Naco a Olid y las facciones de uno y otro capitán resolvieron quedarse en Honduras o irse a México. Los que se quedaron marcharon a otras costas en busca de mejores tierras y cuando la encontraron determinaron fundar la villa; lo hicieron así, dándole el nombre de Trujillo, con alcaldes, regidores y oficiales del rey, cárcel, horca y picota, signos materiales de la autoridad. Así Trujillo se convirtió en la primera ciudad de Honduras, llamada a cumplir un rol histórico muy importante.

La provincia de Higüeras y Cabo de Honduras, como se le llamó a Honduras, tuvo como sede de la gobernación a Trujillo, donde se encontraban los lugartenientes de Hernán Cortés y los otros principales capitanes, que continuaron sus cabalgatas al interior del país, fundando villas y pueblos. Olancho fue fundada el 12 de mayo de 1526, Choluteca en 1533, San Pedro y Gracias en 1536.

Para ejercer la autoridad principal de gobernador, se nombró a Diego López de Salcedo, el 20 de noviembre de

(7)   Colección Muñoz. Ob. Cit., Tomo 78, Folio 52

1525 y tomó posesión el 24 de septiembre de 1826. En ese interinato cumplió funciones de gobernador Hernando de Saavedra, nombrado por Cortés, y se encargó del manejo de la Real Hacienda a Rodrigo del Castillo, con instrucciones precisas de guardar en buen recaudo "todo el oro y perlas que entrare en vuestro poder, asi como el quinto por derecho del almojarifazgo y deudas y que se ponga en un arca con tres llaves diferentes y de ellas tengáis la una vos y las otras dos vuestro contador y factor de las dichas tierras y que no se pueda sacar ningún oro de la dicha arca si no fuese por mano de los tres. . ." (8).

Al llegar el gobernador López de Salcedo encontró una isla llena de calamidades y casi despoblada de indios, pues las autoridades anteriores los habían entregado a unos comerciantes llegado de Santo Domingo y Cuba, a cambio de carne, vinagre, aceite y maíz.

Comenta el gobernador López de Salcedo que habían llegado dos religiosos desde Santo Domingo "a procurar libertad para los indios destas partes", a lo que se opone el gobernador, porque, según su criterio, esos indios, como los de Santo Domingo, Cuba, Jamaica y Puerto Rico, no le harán confesar y no están capacitados a la libertad "si no es teniendo ayos y mayordomos que los administren y digan lo que han de hacer como quien muestra a un pájaro a hablar". Y hablando sobre las riquezas encontradas, se lamenta del poco oro enviado a España, pero le pide al rey proveerlo de los instrumentos necesarios y darle "maneras que se pueda sacar de las minas que según me han dicho son muchas y muy buenas" (9).

Había conquistado el gobernador la voluntad de los vecinos españoles de Trujillo y le alababan tanto que el 15 de enero de 1528 le escriben al rey solicitándole que

(8)   Colección Somoza.   Documentos para la Historia de Nicaragua Tomo XI (1544-1545), Madrid, 1956, p. 267

(9)   Colección Muñoz. Ob. Cit., Tomo 77, Folio 368

Diego López de Salcedo, si intentara retirarse de Trujillo y pedir licencia, "en bien de la tierra y naturales de ella, sea servido de no se la mandar dar sino que de premio le mande estar en dicha tierra. . .", porque "con su venida y buen proveimiento han cesado los dichos escándalos y muertes en hombres y desasosiegos que entre capitanes han habido" (10).

También los pobladores de Trujillo, en un Memorial solicitaban al rey, para que la tierra se poblara de gente trabajadora, les concediera el derecho de no pagar "almojarifazgo ninguno en ella por el tiempo que lo hizo a la Nueva España que fue por 12 años", así como "de mandar dar una licencia real para que nos dejen hacer gente en la isla Española, en la isla Fernandina y en la isla de Jamaica, para la pacificación y población desta tierra. . ., dar licencia para pasar 500 negros, toda vez que a la villa de Trujillo se le paguen todos los derechos" (11). Para esa fecha había comenzado el trabajo intensivo de las minas y se hacía necesario recoger mano de obra; el negro esclavo era sin duda un favorito, sobre todo porque el indio estaba escaseando.

A la muerte de Salcedo, el 3 de febrero de 1530, el gobernador interino escribió al rey pidiendo le mandasen 2 carabelas con 200 negros, la mitad hombres, sobre la necesidad de aumentar la población, el encontrarse nuevas minas, porque en verdad, dice, "mientras más gente hubiere será más remediada y el nombre de Vuestra Majestad se extenderá más y así también el provecho de sus rentas" (12).

Pero como Trujillo no parecía ciudad de fortuna, el gobernador Andrés de Cereceda dispuso en 1534 el traslado de la mayor parte de sus habitantes al valle de Naco y

(10)   Revista de los Archivos Nacionales. Año II. San José, Costa Rica, julio y agosto de 1938, números 9 y 10, p p. 446-449

(11)   Ibidem.

(12)   Colección Somoza. Ob. Cit., p. 427

por cuanto como dicho es han de estar sujetos a la dicha Audiencia, que si necesario es, por la presente vos os suspendemos de los dichos oficios" (14).

(14)   AI. 23. Legajo 1511. Folio 19. A.G.D.C.A.

V. TIERRA RICA EN ORO

"Ningún país en el mundo aventaja a la República de
Honduras en cuanto a variedad y abundancia de tesoros
minerales", escribió Wells (1), un experto norteamericano
en minas que en 1854 recorrió el territorio hondureño
para redactar un informe sobre las regiones auríferas de
Centroamérica. Aunque su opinión está avalada por el
entusiasmo, el criterio fue externado, con asombro, por los
cronistas españoles Oviedo y Herrera.

Los grandes recursos mineros del país, principalmente
de plata, fueron explotados en el período colonial por
familias españolas de recursos económicos, empleando
métodos muy rudimentarios y se ganaron una cuantiosa
fortuna, como entonces lo hacían en México y Perú. Los
altos y bajos del período de la República ahuyentaron a los
inversionistas españoles y llegaron algunos aventureros
"mal llamados empresarios", porque era poco lo que arries-
gaban, algunos de los cuales amasaron grandes riquezas.
Tanto las compañías extranjeras como los particulares que
lograron establecerse en este productivo trabajo, se ampa-
raron en concesiones benignas, a través de las "Ordenanzas
de Minería", un ridículo cuerpo de disposiciones legales
que desde el tiempo de la colonia, a penas sufrió cambios
importantes. Las adineradas familias que explotaron esas
ricas minas a veces les tocó ejercer la filantropía, como el
señor Mairena, propietario en San Antonio de una mina de

(1) Wells, Williams V. **Exploraciones y Aventuras en Honduras.** Editorial
Universitaria Centroamericana, San José, Costa Rica, 1978, p. 469

plata, que se permitió construir a sus expensas la iglesia del pueblo y las brozas eran de tanta riqueza que, aún perdiéndose la tercera parte por el método ineficiente usado en la extracción de la plata, "el opulento dueño de ella tenía por costumbre arrojar en los días de fiesta, puñados de discos de plata a las multitudes" (2).

La riqueza minera desconcierta a los expertos extranjeros y sólo lamentan que la fortuna del español y de sus descendientes no supieran como sacarle mejor beneficio. Se estimó que la riqueza aurífera de Honduras llegaba a tanto que no había en Honduras un solo departamento sin una mina de plata, al grado que se clasificó al país "como un almacén de plata" (3).

La fertilidad aurífera de Honduras que deslumbró a los descubridores y colonizadores españoles era conocida por los nativos de las Higüeras, que emplearon un proceso especial de separar el oro de su matriz y usar el fuego en la reducción de ciertos minerales de plata y cobre. Con estos metales fabricaron piezas ornamentales, como brazaletes, aritos, collares y figurines, que luego los españoles les cambiaron por baratijas; no obstante que "en dicha transacción el indígena sentía, justificadamente, que engañaba el europeo, y no viceversa" (4).

El oro fue la codicia del conquistador. Los metales preciosos de América enriquecieron caprichosamente a españoles, holandeses, franceses e ingleses. Con los caudales que se arrancaron de América se consolidaron grandes riquezas y se abusó de ellas. Como hicieron los pocos españoles avecindados en la villa de Tegucigalpa, a la cabeza don Antonio Tranquilino de la Rosa, que mandó a cubrir

(2)   Wells, Williams V. Ob. Cit. p. 474

(3)   Wells. Ob. Cit. p. 476

(4)   Vega, Bernardo. **Los Metales y los Aborígenes de la Hispaniola.** Ediciones del Museo del Hombre Dominicano, Editorial Amigo del Hogar, Santo Domingo, República Dominicana, 1979, p. 45

un buen trecho de calle con barras de plata para que sobre ellas pasasen desde su morada a la iglesia, los invitados al bautizo de su hija (5).

Las investigaciones más serias señalan que la importación de oro y plata por la Corona, entre los años de 1503 a 1560, ascendió a 117,386,086 pesos, y por los particulares en el mismo período, 330,434,845 pesos. Esta es una posición de máxima ventaja, porque no obstante el nivel de potencia de segundo orden que iba adquiriendo España, siempre mantuvo su situación imperial.

Es interesante observar que todos los principales depósitos minerales que se han trabajado durante el presente siglo, muestran evidencia de exploración española de oro, plata, hierro, cobre, plomo y sal marina. A principios del siglo XVI explotaban los placeres de oro que se encontraban en los ríos y sus tributarios que desembocan en el mar Caribe, entre ellos los ríos Guayape, Patuca, Plátano, Paulaya, Sico y Chamelecón. A partir de la segunda mitad del siglo XVI hasta finales del período colonial se exploraron ricas vetas de oro y plata en el interior montañoso del país.

La producción de oro placer en Honduras declinó a mediados del siglo XVI, debido al agotamiento de los depósitos más ricos, al ataque de los piratas y por la promulgación de las leyes que dieron protección a los indios, motivo por el cual los mineros españoles se vieron obligados a reemplazar a los indios por esclavos negros, operación que les resultó económicamente costosa.

Según los cálculos de Chamberlain (6), en 1540 las cantidades para refinamiento en Gracias a Dios fueron de 5,000 pesos; en San pedro, 9,000 y en Trujillo, 10,000.

(5)   Bonilla, Conrado. **Piraterías en Honduras.** Imprenta Renovación, San Pedro Sula, Honduras, 1955, p. 59

(6)   Chamberlain, Robert S. **The Conquest and Colonization of Honduras.** Washington, 1953, p p. 111-116, 181-182

En marzo de 1542, se reportaron 30,000 pesos por el oro, listos para refinar en San Pedro y 15,000 pesos en Trujillo. La producción de plata en la región de Comayagua en 1542 fue de 2,050 marcos. Y para 1560, oficiales españoles estimaron el oro de las famosas minas del Guayape con un valor de 1,750,000 pesos.

Los conquistadores llegaron a la provincia de Honduras, avistada como "tierra rica en oro", con tanta voracidad que al emplear al indígena en las minas no les importó su agotamiento. Considerado Diego López de Salcedo como el primer gobernador de Honduras, su gobierno se inició lleno de codicia y entró con demasiado deseo de sacar oro para pagar sus deudas, quitó a los primeros conquistadores las encomiendas de indios, y de ellos, unos se aplicó a sí mismo y otros distribuyó entre sus compañeros y servidores y en su loco desenfreno hasta propendió conquistar a Nicaragua. Sobre la población indígena ejerció crueles castigos y les obligó a que pagasen contribuciones exhorbitantes o que diesen servicios. personales inhumanos, sin contar el tráfico que realizó con ellos, vendiéndolos como esclavos a las islas antillanas, que estaban padeciendo un lento pero progresivo despoblamiento. Tanta desolación causó el primer gobernador que justificó un informe al rey, sobre el comportamiento de López de Salcedo, notificando que sus huestes "asolaron y destruyeron grandes pueblos e hicieron muchos esclavos que contrataron y vendieron y sacaron de la tierra, además que mataron muchos indios y pusieron toda la tierra en tanta turbación y alteración y miedo que están ido a los montes todos los más indios naturales de estas partes dejando sus asientos —está tan despoblada la tierra que en el pueblo que solía haber mil almas no hay treinta así por esto como porque fue tan fuera de orden la insaciable codicia de los vecinos que con la disolución tenía que pedir tantos esclavos a los caciques e indios que tenían encomendados que no lo pudiendo comportar se alzaron después de haber acabado de dar no solamente los esclavos— pero había muchos de los libres, por esclavos como es notorio por contestar a sus amos de manera que viendo que ningún remedio tenían más vieron se alzaron y en los reducir a sus casas el gobernador pasó después mucho trabajo en vano. . ." (7).

El gobierno interino de Andrés de Cereceda, "cuya crueldad excedía a toda humana prudencia", se caracterizó por haber empobrecido y despoblado a Trujillo y sus vecinos se quejaron tanto que pidieron "ser puestos bajo el gobierno de la isla La Española, de donde serían mejor socorridos". Los vecinos españoles eran tan pocos que temían de una sublevación indígena. Aunque habían 50 castellanos, no eran 30 de provecho y entre todos no tenían más de 20 espadas, 15 picas, sin ninguna ballesta, ni arcabuz, ni otras armas. Dispuestos a trabajar las ricas minas, escribieron al rey suplicando se les enviasen "un par de vergantines para el trato de las islas y de la costa y 100 negros para sacar oro", que ofrecían pagarlo (8).

Esos días de aflicción cesaron, momentáneamente, con la llegada del Adelantado Pedro de Alvarado, al comenzar de inmediato a poner justicia y pacificar la tierra. Se había fundado la población de Gracias a Dios y voló la fama de Puerto Caballos y de San Pedro, donde habían buenas minas de oro. A los pocos meses esa tenue paz se quebró con el gobierno de Francisco de Montejo, al tener que enfrentarse a la poderosa rebelión del cacique Lempira, rey de las sierras de la ciudad de Gracias a Dios y que se le presentó dificultosa para ser conquistada.

Este indio Lempira convocó a todo un ejército para oponerse a los designios españoles, y, como resultó difícil combatirlo y derrotarlo, se recurrió a la cobarde traición. Visto su mucho atrevimiento, se ordenó ofrecerle la paz y, mientras se pactaba, un soldado español le dispara con un arcabuz, dándole en la frente y haciéndolo rodar por la

(7)   Informe al Rey, 10 de febrero de 1528, AGI/AG, legajo 49

(8)   Herrera, Antonio de. Ob. Cit. Capítulo IX, p. 110

sierra abajo, provocando la confusión en sus muchos seguidores que, al huir, dejan así sus dominios en manos de los españoles. Lempira es el símbolo de la resistencia indígena y un valor de la nacionalidad. De su arrojo y valentía se ha dicho que en una batalla mató 120 hombres de su mano y certificaron indios viejos que Lempira "estaba hechizado, o como dice el vulgo, encantado, porque en infinitas batallas en que se halló, jamás fue herido. Era de mediana estatura, espaldudo y de gruesos miembros, bravo y valiente, de buena razón, nunca tuvo más de dos mujeres y murió de 38 a 40 años" (9).

Para 1540 existían en la provincia de Honduras varios trabajos de exploración minera y ese mismo hecho creó el ambiente de discordia entre los españoles y la actitud hacia la población indígena. Pedro de Alvarado tuvo serios problemas con los vecinos españoles de Honduras, pues al irse aquél a radicar a Guatemala exigió que toda la fundición de oro de las minas de Honduras se hiciese en Guatemala; se le respondió que toda la fundición se haría en Honduras y que "se pagasen derechos según cédula de S. M., si no que antes morirían que ser sufragantes de Guatemala". Se dispuso realizar un poblamiento en Olancho, y como sería inconveniente fundirse en tantas partes, es decir, en San Pedro, Trujillo, Gracias a Dios y Comayagua, "hízose en Gracias a Dios por estar 9 ó 10 leguas las minas del oro y porque no lo llevasen a Guatemala"; aunque en la práctica la fundición de Trujillo se hacía en San Pedro (10).

Llegando el Adelantado Francisco de Montejo a la gobernación de Honduras y estando en guerra la provincia, su principal oficio fue el de conquistarla y pacificarla. Acabada la guerra se dedicó a poblar las ciudades, por falta de "más de las dos partes de indios y los que hay tantos

(9)   Herrera Ob. Cit. Capítulo XIX, p. 304

(10)   Carta al Emperador en el Consejo de Indias; de Diego García de Celis, San Pedro, 14 de mayo de 1542. BRAH cartas 28.

Indios y esclavos negros se dedicaron al lavado de oro, método primitivo que abundó por muchos años en Honduras y en el que se usó extrema crueldad física contra indios y negros. Grabado de la época.

perdidos" y cuya causa fue que el Adelantado Alvarado y Juan de Chávez, "como se descubrió oro, echaron en las minas los indios" y se rebelaron y se perdieron los bastimentos. Los malos caminos que conducían a las minas, los pocos indios y la falta de provisión obligaron a Montejo "a pedir la merced de 30 negros para abrir caminos que puedan andar recuas", porque cuando el Adelantado llegó a Honduras, halló "que todos sacaban oro con indios e indias de los pueblos", por lo que se estaban despoblando las ciudades "y convendría ver cómo vengan otros 800 negros para que los compren los·vecinos" (11).

Los oficiales Alonso de Valdez, Juan Vasco de Plasenza y Juan de Lerma escriben al rey desde San Pedro, informando que el 14 de marzo había llegado un navío con "un asiento de negros que mandó traer a esta gobernación" y que se habían dispuesto de inmediato al trabajo de "las ricas minas". Refieren la venida de Montejo y dicen que se hallan en San Pedro "con motivo de la fundición, en que hasta la sazón habría fundido 45,000 pesos oro" y "que en 28 de abril recibieron provisión que no se coja oro con indios ni naboríes libres, lo cual se obedeció y cumplió. Otra cosa que además de los 55 pesos que han pagado por cada negro de los S. M. mandó llevar para los vecinos, se pagasen 4 pesos más de derecho y almojarifazgo" (12).

Poblada de Negros

Como se ha señalado anteriormente y se insistirá después, en Centroamérica no hubo necesidad extrema de

(11) Carta del Adelantado Francisco de Montejo al Rey; 1 de mayo de 1542, Gracias a Dios. BRAH. Carta 29

(12) Carta al Rey de los oficiales Alonso de Valdez, Juan Vasco de Plasenza y Juan Lerna, San Pedro, 15 de mayo de 1542. BRAH. Cartas 29

importar esclavos negros, porque la mano de obra indígena nunca se acabó, pese a los despoblamientos que hicieron los españoles. Se compró al negro y se le trajo de Africa porque las nuevas leyes de la Corona habían exigido la libertad de los indios y porque era prohibido usarlos para los trabajos mineros. Naturalmente que estas leyes nunca se cumplieron a cabalidad. Pero habiéndose comenzado ya la etapa de la explotación de los territorios de Honduras, el esclavo negro era el instrumento natural para mantener y aumentar la producción.

Desde Gracias a Dios escriben al rey varios oficiales y le dan testimonio de haberse recibido en Puerto Caballos "la entrega de 180 esclavos negros que Antonio Fafelo, como Factor de Diezmo y Alonso de Torres, estantes en Portugal, llevó a Honduras en cumplimiento del asiento de 300 esclavos tomado con S. M. y de cómo no fueron recibidos más de 165 porque los demás no estaban en recibo". Aquellos negros repartiéronse entre Gracias a Dios, Comayagua y San Pedro, reservándose repartir para Trujillo "los que después vendrán". Las entregas se hicieron en San Pedro a 22 de febrero de 1542 y pagáronse a 55 pesos por esclavo (13).

El 4 de enero de 1543, desde San Pedro, el licenciado Alonso de Maldonado escribe al Ayuntamiento de Guatemala informando que arribaron dos embarcaciones, una conduciendo "muchas mujeres de Castilla" y la otra, que venía de Santo Domingo, trayendo una barcada de negros "en número de ciento cincuenta piezas" (14), las cuales, por real cédula se autorizó su venta libre",... a precios justos..." (15) y para ser destinados principalmente a las

(13)   Carta al Emperador en el Consejo de Indios; Gracias a Dios, 22 de julio de 1542. BRAH. Cartas 4.

(14)   Pardo, Joaquín. **Efemérides del Reino de Guatemala.** Sociedad de Geografía e Historia, Guatemala, Tipografía Nacional, 1944, p. 185

(15)   Pardo, J. **Efemérides**, p. 16

minas y también a los ingenios azucareros (16).

Para esos años se puede dar testimonio que la producción minera de Honduras había entrado a su mejor época de florecimiento, aunque sea por la vía de la explotación rudimentaria; pero esto plantea la necesidad de buscar más pueblos mineros y de seguro la apetencia del español. Nada obstaculizó que en esta empresa se aliaran capitanes y conquistadores y que se dieran libertad para cometer desafueros, sobre los límites del mandato real, con tanta gravedad que el mismo rey se lo prohibe a la Audiencia al tener conocimiento que "un capitán proveído por el Adelantado Montejo andaba entendiendo en la conquista y pacificación de una tierra que es entre Olancho y Trujillo. . ., que se tiene noticia que es tierra rica" (17).

El Ayuntamiento de la isla de Santo Domingo toma nota de la falta de mano de obra especializada en los trabajos de sus minas y un informe al rey, de 1545, señala que apenas se cogía oro "porque se habían exportado a Honduras casi todos los negros" y que últimamente "se habían llevado al Perú los que quedaban". Los alzamientos de indios y negros habían ocasionado serios trastornos en la isla y los grandes traficantes de esclavos hacían negocios lucrativos reexportándolos (18).

(16)   Gage, Tomás. **Nueva Relación de Viajes a Nueva España.** Biblioteca Goathemala, de la Sociedad de Geografía e Historia, Guatemala, Tipografía Nacional, 1946, p. 163

(17)   Monumenta; p. 466

(18)   ICDI. Vid. Num. 55. Carta del Cabildo al Rey de hacia 1545: "no se coge casi oro ninguno de las minas porque los negros con que se solía coger los han llevado a Honduras y los que restan los acaban agora de pasar a la Nueva España y el Perú". AGI. Santo Domingo 71, Libro I, folio 144, "para descubrir y coger oro y plata y hacer azúcar y las demás granjerías de esta isla, hay gran necesidad que vengan a ella negros porque vienen pocos y salen de aquí para todas las Indias muchos y se mueren y también de gente española de servicio hay gran necesidad".

El licenciado Alonso de Maldonado es una de las autoridades españolas que mejor conocía la situación de la minería en Honduras y no se cansó de reclamar abundante mano de obra, y pensó, inteligentemente para sus intereses, en hacer uso de una buena estructura de caminos vecinales para transportar el oro hacia España. Desde Puerto Caballos le escribe al rey, con fecha 15 de enero de 1543, haciéndole notar que "conviene mandar abrir los caminos de Gracias a Dios a este puerto de Caballos y de Comayagua al puerto, y de las minas de Olancho al puerto, y esto no se puede hacer con indios porque hay pocos. Hay necesidad que S. M. haga merced de esta gobernación para este efecto de 500 negros que podrán abrir caminos; y los oficiales de V. M. tendrán cuidado de estos negros, como cosa de V. M. y los venderán cuando se acaben los caminos que se harán en poco tiempo..., las minas de Olancho han aflojado algo, pero todavía se saca mucha cantidad de oro. Saca esclavo medio peso por día y a ducado. Hay mucha cantidad de negros ya en ellas, que serán hasta 1,500 con los que allá hay, y están en este puerto para ir más. . ." (19).

Para llevar la producción minera a los puertos es necesario abrir caminos, pero no se confía en el trabajo del indio, "porque en ir a la mar se trabaja mucho y mueren mucho en este camino", por lo que la necesidad de importar negros resultó apremiante. Maldonado opina que esos indios "podrían hacer algunas obras públicas", pero más se inclinaba a sujetarlos a un repartimiento (20). Pero su argumento de que el indio se estaba acabando es un cuento al rey para justificar la entrada de más negros y con eso que siguiera la danza del tráfico negrero.

Las ricas tierras de Olancho se habían convertido en la mejor entrada al reino y, al decir de Maldonado, "es

(19)   Rubio Sánchez, Manuel. "El Licenciado Alonso de Maldonado". Revista del Ejército Nacional, Guatemala, p. 46

(20)   Rubio Sánchez, M. Cit. p. 67

toda aquella tierra muy rica de oro, aunque faltase aquel río Guayape, donde ahora lo sacan, hay ya descubiertos otros ríos; y como entra cantidad de negros, cada día han de descubrir más" (21).

La minería se había convertido en la fuente principal de energía económica de la provincia, a base del trabajo del negro esclavo, por ser más fuerte y más activo que el indio; aunque siempre si siguió utilizando al indígena. A partir de la llegada de Pedro de Alvarado ese era un negocio que explotaban caprichosamente las autoridades y los vecinos ricos de Guatemala y San Salvador, quienes "mandaban sus propias cuadrillas de operarios y trasladaban los metales a dichas ciudades para ser refinados, sin dejar al tesoro de la provincia ni a sus colonos beneficios". La situación operó un cambio con el gobierno de Montejo, quien a pedimento de los vecinos de San Pedro "restringió las zonas mineras operadas por colonos de las dichas provincias y mandó que los metales preciosos sacados de las minas hondureñas debían fundirse y pagar el quinto de su gobernación". Esta medida provocó conflictos de intereses y lo que hizo bajar el rendimiento de la producción; si bien es cierto que "el rey, en 1549, pedía que los oficiales le mandasen 15,000 pesos en cada navío", a lo que Alonso de Maldonado le dice tener en Puerto Caballos 30,000 pesos listos para enviar a España (22).

Agotamiento de Yacimientos

En las tierras bajas, pese al declinamiento de la población, y en algunas áreas como en el valle de Olancho las

(21) ICDI. 1545. I. 15 Puerto de Caballos. Maldonado al Consejo de Indias. I-24, 343

(22) ICDI. 1549. IX. 28. Gracias a Dios. Situación del Gobierno. I. 24. 352-381

ganancias de los encomenderos fueron rentables y su monto dio lugar para ser usado en la importación de esclavos negros y reemplazar los desaparecidos indios. En Olancho se concentraron poblaciones de esclavos negros y para 1545, aunque era un vecindario movible, sus efectos en el trabajo se sintieron grandemente, dada la fuerza laboral de cerca de 1,500 negros, especialistas, a la fuerza, en el laminado de oro (23).

Las leyes proteccionistas de indios restringían el comercio y entrabaron el sistema de trabajo en las minas y los encomenderos locales elevaron sus quejas a la Corona con toda suerte de argumentos para que se les permitiera hacerse de indios. Se dijo que los esclavos indios no representaban carga pesada y que las extracciones de oro y plata eran sólo una parte menor de sus actividades, admitiendo que el laminado de oro y plata era de gran importancia. Aparentemente el apogeo de lavado de oro y plata había acabado por la falta de mano de obra indígena, aunque los trabajos del río Guayape continuaron después de la era de las Leyes de Indias. El esplendor en los ricos yacimientos mineros del Guayape fue ejecutado por esclavos negros, que sumaron en 1545 a un número de 1,500. Los autores más acuciosos admiten que la verdadera razón del agotamiento de las fuentes disponibles de oro y plata no se debió, principalmente, a la falta de mano de obra, sino a los métodos primitivos usados por los españoles, considerados exhaustivos; los mismos que llevaron al cierre de las minas de oro de Trujillo, en 1540 (24), por lo que un observador había llamado a ese período como "el fondo de una depresión relativamente larga" (25).

(23)   AGI/AG. Carta del Licenciado Maldonado a la Corona, 15 de junio de 1543

(24)   Benzoni, Girolamo. **La Historia del Nuevo Mundo.** Venice: Appresso Francesco Rampazetto, 1565

(25)   Chaunu, Pierre. **Séville et L'Atlantique.** Paris. Colin, 1955, p p. 850-51

Los mineros españoles y encomenderos siempre alegaron a la Corona la escasez de mano de obra india y encubrieron la venta de tráfico hacia las islas de las Antillas y Perú. Lo que se produjo fue el despoblamiento, y ello amenazó en algunas ocasiones la producción minera. Alonso López de Cerrato escribió al rey desde Gracias a Dios, en 1548, como presidente de la Audiencia de los Confines, informándole que los funcionarios anteriores del referido tribunal no habían cumplido con su deber y que tenía informes que "de esta costa del sur se habían llevado al Perú más de 6,000 indios libres, vendidos por esclavos; por manera que han despoblado esta costa... y si el presidente y oidores han estado aquí es porque el presidente se servía de cuatro pueblos de indios y los oidores ahorraban su salario y desde aquí proveían sus minas y negros..." (26).

Para esa fecha la ocupación de esclavos negros en las labores mineras y agrícolas era elevado, en comparación al número de indios y el trato que les daban era demasiado inhumano, obligándoseles a trabajos fuera de los horarios normales. Una sublevación de negros ocurre por ese entonces, en protesta a las condiciones de vida; la rebelión alcanzó extremos peligrosos porque se temió se les sumaran otros. Se envió gente armada contra ellos, que logró dispersarlos y ahorcar al jefe, para escarmiento (27); y de inmediato se comenzó a legislar y a tomar medidas para prever y controlar brotes de reprobación que afectaban las relaciones de producción y amenazaba extenderse a otros poblados mineros. Pero la situación social de rebeldía había tomado conciencia y las leyes represivas no importaban. Se castigó a los negros fugitivos, llamados "cimarrones", porque, se dijo, "actúan como bandoleros". El negro

(26) ICDI. 1548. IX 28 Gracias a Dios. Situación de la Audiencia de los Confines. I. 24. 463-473

(27) García Pealez, Francisco de Paula. Memorias para la Historia del Antiguo Reino de Guatemala. Tipografía Nacional, Guatemala, 1943, Tomo I, 134

se insubordinó y se negó a trabajar porque no recibía ningún estímulo; al contrario, sólo duros castigos y humillaciones. Tratando de recuperar su libertad, se alzaron y se dirigieron hacia las montañas donde crearon algunos poblados para vivir en relativa libertad, porque las autoridades y sus dueños tomaron providencias para recuperarlos o exterminarlos (28).

La más grande y temprana huelga de trabajadores de las minas que se tiene noticia ocurrió en los centros de oro y plata de los alrededores del río Guayape; el área fue abierta varios años después de otros campos hondureños, y como Nueva Segovia, las dificultades para pacificarla se hicieron sentir y en 1541 Olancho y el río Guayape fueron temporalmente abandonados (29), pese a que se había vuelto el más importante productor de oro dentro de la provincia de Guatemala y Yucatán (30). En los próximos 15 años se reanudarían los trabajos y se produjo gran cantidad de oro para los cofres reales. Una estimación señalaba que la enorme suma de un millón, 750.000 pesos oro, habían sido extraídos del Guayape y de otros depósitos cercanos a éste y que solamente en 1553 se reporta 26,400 pesos de "buen oro", para ser despachados a España (31).

Para 1560 Olancho y Guayape declinaron en su producción, motivado principalmente por la caída severa de la población laboral, no obstante las masivas importaciones de esclavos negros que se hicieron. Los centros mineros de San Pedro, Comayagua y Olancho estaban ricos en yacimientos, faltando únicamente la fuerza laboral que los tornase en rico emporio para la Corona.

Como una contradicción, el sistema de encomienda organizó el trabajo y el tributo y se crearon condiciones

(28) García Pelaez. Ob. Cit. Tomo II, p. 27
(29) AGI/AG. Audiencia a la Corona, diciembre 30 de 1545
(30) Chamberlain, R. Ob. Cit. p p. 219-221
(31) Chamberlain, R. Ob. Cit. p. 220

estables para el indio, evitando de esa manera su emigración o tener que deambular con ellos de una región a otra, soportando climas diferentes. Los comerciantes españoles que demandaban al rey la provisión de esclavos indios, lo hacían porque no podían sostener nuevos centros de industria agrícola que no fueran los tradicionales lavados de oro, donde se ocupaba mano de obra india para su subsistencia (32); excepto por Olancho y el río Guayape, que todavía en 1548 estaban produciendo grandes cantidades de oro y plata, pero donde la labor era ejecutada por esclavos africanos importados (33).

El auge momentáneo en las minas produjo la necesidad del transporte eficiente para la exportación a los puertos de España y se encontró que la costa del Pacífico de Nicaragua y especialmente en la Bahía de Fonseca con Honduras existían elementos naturales adecuados para la construcción de barcos, lo que hizo florecer las condiciones del comercio de mercaderías y productos y el tráfico de esclavos. Se encontraron grandes depósitos de madera de guayacán, una madera dura para trabajarla pero resistente a los gusanos y a la corrosión del mar. También existían abundante cordaje, algodón y cañamazo, al tiempo que sus playas y ensenadas proveían buenos puertos para carenar barcos y para refugio del mal tiempo (34).

Mientras tanto, las leyes españolas de protección al indio eran ignoradas. La llegada de los obispos Pedraza, a Honduras, y Valdivieso, a Nicaragua, influyeron un poco en el mejor trato a los indios, encargándose desde el púlpi-

(32)   Zavala, Silvio. "Los Esclavos Indios en Guatemala". Historia Mexicana 19 (1970) p p. 462-464

(33)   Zavala, Silvio. "Relaciones Históricas entre Indios y Negros en Iberoamérica". Revista de las Indias, Bogotá, 1946, No. 28, p p. 59-62

(34)   Bohah, Woodrow. Early Colonial Trade and Navigation betwen México and Perú. Ibero-American, Col. 38 Berkeley and Los Angeles; University of California Press, 1954, p. 5

to de arengar y condenar abiertamente la crueldad sobre el aborigen, hecho que le causó la muerte a Valdivieso (35). Para aplicar las nuevas leyes en América Central, el rey envió al severo administrador Alonso López de Cerrato, quien comenzó dando libertad a los restantes esclavos indios y anunció que él podía corregir los peores abusos cometidos por el sistema de encomienda (36). Una primera medida de gobierno consistió en traspasar la sede de la Real Audiencia de Gracias a Dios a Santiago de Guatemala y desde el nuevo asiento procuró el reajuste del tributo a un nivel más razonable para los indios, completando otras disposiciones contra los abusos de la encomienda, que sólo se respetaban por los alrededores de Guatemala o se cumplían si acaso interpretaban ciertas condiciones económicas. Pero muy poco tiempo duró esa situación de rigor en la aplicación de las nuevas leyes, porque el rey terminó dándole la razón a los comerciantes e instruyendo a López de Cerrato a ayudarlo a favorecer a esa gente e intentar restaurar el desbalance que se había producido en la concesión de encomiendas.

Economía a base de Indios

Los conquistadores habían implantado sistemas distintos de explotación en México y Centroamérica. Mientras que los métodos de una sociedad señorial habían producido la minería intensiva en México, la explotación masiva del indio y su tráfico comercial descuidaron la agricultura

(35) Pedraza, Cristóbal. "Relación de varios sucesos ocurridos en Honduras, y del estado en que se hallaba esta provincia". Madrid, Imprenta Ibérica de E. Maestro, 1916, p p. 136-180
(36) Colección Muñoz 85. BRAHM: se refiere a cuatro cartas de López de Cerrato del 8 de abril de 1549

y las minas en Centroamérica, agravándose la situación en Honduras, por los años de 1550, porque simplemente no quedaban indios para comerciar a las Antillas, si se toma en cuenta que habían fallecido cerca de 10,000 indios, a causa de este mercado, las rebeliones, la sobrecarga del trabajo y, sobre todo, las epidemias (37). De esa fecha hubo preocupación y cuidado por retener al indio celosamente y los encomenderos locales y oficiales defendieron su cuota de indios dedicada a los granjeros dueños de plantaciones y minas.

El obispo Cristóbal de Pedraza y el gobernador López de Cerrato nada pudieron hacer para cumplir con las nuevas leyes protectoras de indios y sus acciones levantaron gran resentimiento entre los españoles y los criollos (38). Hubo un declinamiento de la exportación del indio y se les reemplazó por mulas y caballos; aunque se siguieron notando algunas demandas esporádicas de la ilegal mudanza del nativo, de una jurisdicción a otra, a lo largo de los años de 1672 y 1673 (39).

El deterioro momentáneo del negocio de esclavos indios, de la plata y cacao, obligó a los conquistadores españoles a conducir por grupos a los indios hacia centros de mayor comercio posible con el mundo exterior y esto les hizo aspirar a las encomiendas y a la adquisición de tierras o títulos de tierras, sólo en áreas muy cerca de las ciudades mayores españolas como Santiago, en Guatemala, Granada, en Nicaragua y Trujillo, en Honduras (40).

En su desesperada y loca ambición por poseer mejores

(37)   García Pelaez. **Memorias.** Tomo I, p p. 95-96

(38)   Existen varias cédulas reales en la Colección Somoza, demandando el regreso de esclavos indios vendidos en las Antillas.

(39)   ANHH. Paquete 2, Legajo 78, documento 17 (1672). Paquete 2, Legajo 77, documento 8 (1673)

(40)   López de Velasco, Juan. **Geografía y Descripción de las Indias.** Madrid: Establecimiento Tipográfico de Fortanet, 1894, p p. 285-297-300

tierras de cultivo, aun durante la pausa breve de auge económico del metal, los españoles fueron motivados por el oro codiciado del Perú y hacia este país huían, llevándose consigo a grupos considerables de indios (41).

La cruel y difícil vida de trabajo a que fuera sometida la población indígena motivó que ésta disminuyera ostensiblemente, ya sea porque huían o porque morían de enfermedades. Esto hacía difícil, relativamente, los intentos españoles de ensanchar sus haciendas o las posibilidades de extraer metales preciosos. En las regiones que todavía contaban con estas posibilidades, se forzó la traída de indios de las montañas de Chiapas y Verapaz, pero tampoco dio resultado porque los indígenas no se adaptaron. Los indios resultaron difíciles de coger y cuando eran traídos a las áreas ocupadas por españoles, aquellos no resultaban aptos o morían de enfermedades (42). Pero ese método de tomar indios por la fuerza continuó por un tiempo en los siglos 16 y 17, y ciertamente se intensificó y propagó en las regiones de Honduras, aunque la población india continuó declinando (43).

Ya en los comienzos de la conquista se notó que la empresa no era rentable y pronto comenzaron los conflictos entre los conquistadores por intereses y ambiciones de mando, saqueos a sus dominios y cuestiones de límites. El resultado tuvo que pagarlo el indio, que se vio obligado, como entre fuegos cruzados, a ayudar a un conquistador español contra otro, o los traspasaban de una región a otra,

(41)   ICDI. Madrid, 1864, Volumen 24, p p. 192-93-200
(42)   Por real cédula del 9 de octubre de 1549 se prohibía la entrada y salida de indios: AGGG. AI. 23, Legajo 511, Folio 128
(43)   ANHH. Paquete 5, Legajo 66 (1598). II. 25. Trujillo. Relación de los Indios esclavos y naborios que trajeron los españoles de León a Trujillo. Son 102 esclavos. I. 14-70-77. CDI.

en busca de oro (44).

Aunque la Corona estaba preocupada por el resultado de la crisis de poder en Centroamérica, lo cierto es que razones puramente comerciales obligaron al rey al traslado a Panamá de la Audiencia de los Confines, el 8 de septiembre de 1563, para expeditar el comercio con el virreinato del Perú. Esta fue una medida práctica, ya que los puertos de Trujillo y de Cortés no prestaban facilidades para los navíos que llevarían la plata hacia España. Generalmente el trayecto se hacía a través de Nueva España o La Habana con grandes costos y se mandó a reglamentar la salida de las naves, previendo incluso el flujo de piratas; se ordenó "a las naos que fueren en la dicha flota a la provincia de Honduras, sean obligados los capitanes y maestros a volver al puerto de La Habana a primero de marzo del año siguiente, que la flota saliere de estos reinos. . ." (45).

Las necesidades de mano de obra se hacen sentir, y en un memorial del 22 de enero de 1565, entregado a los procuradores del Ayuntamiento de Guatemala, se da un informe del estado de las provincias y se solicita al rey "haga merced de 1,000 negros, con costos y licencia hasta ponerlos en el puerto de Caballos para repatriarlos entre los vecinos que tuvieren otros negros con tanto que los tales vecinos obligados a echar en las minas otros tantos negros como se les repartieren porque los unos y los otros saquen oro y plata, porque de haberse sacado los negros de las minas para estancias y granjeros se perdió el sacar el oro y plata que hay en estas provincias y de las tales granjerías ninguna renta viene a Su Majestad y la tierra ha venido en disminución por ser lo principal el oro y plata que se saca-

(44)   Alvarado llevó cuadrillas de indios hondureños a Guatemala y a marchas forzadas los hizo trabajar para su nueva hacienda. Cristóbal Pedraza, "Relación. . .", p p. 164-66

(45)   Recopilación de Leyes de los Reinos de las Indias. Tomo III, Madrid, 1841. Libro IX, Título XXXVI, p. 82

ba en ellas y haciéndose así Su Majestad será muy servido y sus quintos reales muy acrecentados y podríamos hallar 2,000 negros en las dichas minas y se sacaría mucha cantidad de oro y plata en la tierra iría en mucho aumento y no milpas de cacao y granjerías donde están los dichos negros y los tales vecinos, a quienes se repartiesen los dichos negros se obligarán a pagar a Su Majestad los dichos negros con toda seguridad dentro del término que Su Majestad fuese servido para que le vaya lo procedido de ello repartido con los navíos que salieren de puerto Caballos, este es negocio muy importante de que Su Majestad redundará mucho servicio" (46). E igual para los señores regidores de justicia, encargados de cobrar los impuestos y que atesoraban grandes fortunas con el tráfico negrero.

Los corsarios franceses habían estado incursionando la provincia de Honduras, casi indefensa, sin que el rey proveyese lo necesario para su defensa. Esto provocó serios retrasos a los navíos que conducían las mercaderías. El acoso de los piratas motivó que en 1573 se ordenara que ningún navío que viniese de Castilla a los puertos de Trujillo y Caballos viniera sin flota, arribando dos barcos cada año a los mencionados puertos. Para España era importante mantener el flujo comercial con Honduras, provincia que en 1573 le proporcionaba 1,465 pesos de derechos de almojarifazgo por las minas. En 1574 el rey aprobó el traslado de las Cajas Reales que estaban ubicadas en San Pedro, a Comayagua, y dispuso el gasto de 600 pesos invertidos en la construcción de un baluarte en Trujillo y en la compra de 4 cañones. Parece que estos trabajos no se hicieron porque en órdenes posteriores el rey refiere a la tan ansiada fortificación por la defensa contra los piratas y en la que debería utilizar el trabajo de un repartimiento de indios.

El añil, cacao, cueros, zarzaparrilla, oro y plata constituían los principales artículos de exportación de la provin-

(46)   AGGG. Tomo VIII, año VIII, No. I, p. 16

cia de Honduras, los cuales eran enviados por los puertos de Trujillo y Caballos. Ese representaba un botín favorito de los piratas, motivo por el cual el rey tomó nuevas medidas defensivas, y el 5 de noviembre de 1582 mandó que a los piratas que fueren juzgados y condenados los enviaran a galeras.

VI.   ECONOMIA MINERA

La economía minera de Honduras, pequeña en comparación a la riqueza de México y Perú, revistió un alcance
considerable, porque su modelo original alentó a las industrial asociadas, como la agricultura, impulsó la producción
de sal y el tráfico comercial e instó la formación de un grupo de ocupación tradicional, llamados los pueblos mineros
o "güirises" (1).

El período sobresaliente de la minería se inició en la
costa caribeña y sus valles, entre 1530 y 1560, seguido por
el descubrimiento de los depósitos del centro montañoso
del país, desde 1570, cuya explotación demuestra la igno-
rancia de procedimientos y técnicas (2). Primero trabaja-
ron el oro aluvial, con la fuerza del indio y del negro, y
con el conocimiento de vetas mineras se introducen técnicas de expertos alemanes, dando inicio a la producción en
escala.

Los depósitos de oro aluvial deslumbraron a los espa-

(1)   West, Robert S. **The Mining Economy of Honduras during the Colonial
Period.** Actas del XXXIII Congreso Internacional de Americanistas, San José,
julio de 1958: Lemhmann, San José, Costa Rica, 1959, p. 765
(2)   El sistema de trabajo consistía en el uso de herramientas simples, como
el almocafre, un instrumento parecido al azadón, que servía para raspar
corrientes y lechos de agua; la barra de hierro pesado y el azadón, manipulados
para excavar y terraplenar y la batea, especie de tazón redondo, bajo de madera, usado para laminar o separar arena del oro. Implementos de labranza,toma-
do del Inventario de Andrés de Cereceda, Contador de Honduras, San Pedro, 9
de octubre de 1539. AGI, Contaduría 987.

ñoles y su fama llegó a oídas, conociéndose que los indíge- nas extraían el mineral y lo comerciaban con los pueblos vecinos. La experiencia en el trabajo del oro aluvial y el descubrimiento de las vetas mineras fue sumándose a la nueva función, o sea, a la creación de centros de fundición, prácticamente donde el oro fue oficialmente registrado, el impuesto real de separación tasado y el oro refinado y derretido en barras (3).

El auge minero tiene su declive con la publicación de las leyes proteccionistas del indio (1542), tanto así que la sustitución del indio por el negro representó, en ese momento, un desaliento para la inversión (4). Pero los pri- meros años de explotación dieron suficientes recursos y fueron años de gracia y bendición. La presencia de las vetas mineras y la metalurgia de plata representó el esplen- dor minero de Honduras, que se inició en 1537, con el reporte de las ricas vetas de plata entre Gracias a Dios y Trujillo (5); y dos años después fueron descubiertas las minas de Tegucigalpa. En 1569 se explotan las primeras vetas de plata de Guazucarán (6) y otros descubrimientos se reportan en Agalteca (1575), San Marcos y Vetagorda (1576), Nuestra Señora de la O (1576). Pero en 1578 se descubre la veta de Santa Lucía, en la Aldea de Tegucigal- pa, llamada a ser el centro principal de suministro minero de Honduras, por representar 1,000 demandas mineras,

(3)   AGI. Indiferente 1206. Tesorería de Hacienda: Honduras-Higueras, 1538-1540.

(4)   AGI. Guatemala 49, Carta de Oficiales reales a la Corona, San Pedro, 15 de mayo de 1542. AGI. Guatemala 9, Carta de Landecho a la Corona, 16 de julio de 1560.

(5)   AGI. Guatemala 9, Carta de Francisco de Montejo a la Corona, Naco, 18 de julio de 1537.

(6)   AGI. Patronato 182-57, **Testimonio del descubrimiento de unas minas de plata en Guazucarán y Tegucigalpa,** provincia de Honduras, 1580.

aunque sólo operaron 30 minas, lo que dejó, en 1584, una producción de 12,500 marcos (7).

En los años siguientes se reportó una mengua en la producción, debido a los altos costos de la provisión de mercurio, importado de Europa y Perú, que servía para el proceso de amalgama (8), pese a que el gobierno estaba disponible a dar créditos a los mineros, pero en condiciones tan severas que siempre aparecían endeudados, con el grave riesgo de perder sus minas de manos de los alcaldes mayores de Tegucigalpa (9). Pero la razón principal del acoso minero se debió a la falta de mano de obra, como lo prueban las continuas quejas de los mineros hacia la Corona, debido a la disminución de la población, agravada en 1582 por muertes y enfermedades y por el celo de algunos oficiales de respetar las leyes nuevas de Indias. Finalmente, en 1560, la Corona permitió el empleo de 100 indios en el trabajo minero de Tegucigalpa (10). Hasta esa fecha todo el trabajo había sido efectuado por esclavos negros, adquiridos a precios muy altos, lo que provocó en 1580 el cierre de muchos asientos de minas por la falta de esclavos negros (11), o porque los mineros se vieron obligados, ellos mismos, a fundir el mineral en pequeños hornos o aplastándolo en morteros de mano (12). El abandono de las minas abrió el apetito a los ladrones ("güirises"), que se convirtieron en pequeños operadores de minas, no obstante ser una práctica condenada duramente por la ley.

(7)   AGI. Contaduría 989, Fundación de Comayagua, 1575-1617.

(8)   AGI. Guatemala 23, Testimonio en relación a los autos. . . . de azogues. . . . Tegucigalpa, 1672.

(9)   AGI. Guatemala 10, Carta de los Oidores de la Audiencia a la Corona, 29 de marzo de 1581.

(10)   RABNT. Volumen 8, 1929-30, p p. 65-66. Cédula Real de 9 de abril de 1650.

(11)   AGI. Patronato 182-57, Testimonio de unas minas. . .

(12)   Ibidem.

El declinamiento del oro y la plata convirtió a Honduras, a lo largo de la parte media del siglo XVI, en gran exportador a España de una gama de productos: los tintóreos, como el añil; los alimenticios, como el azúcar y la canela; las maderas preciosas, como el ébano y el cedro; los cueros vacunos y los artículos medicinales, como la zarzaparrilla, calzafracia, palo de China, jenjibre, cañafístola y liquidámbar.

La mayoría de los productos medicinales alcanzaron gran popularidad en Europa y se les utilizó contra la sífilis, como depuradores de la sangre, para los dolores de estómago, para la gota y como purgantes. La zarzaparrilla apenas se emplea en estos días, pero en los siglos XVI y XVII se utilizó como depurador de la sangre y contra la sífilis. En el reinado de Felipe II se cotizó bastante y se prefirió la de Honduras. El mismo Felipe.II la utilizaba; cuando en 1569 se le envió zarzaparrilla desde Sevilla, se le remitió de la de Honduras, porque era de mejor calidad. Los súbditos del rey se la enviaban para que se le quitase el dolor que sentía en las piernas; y parece que le fue efectiva la planta, pues siempre pidió con primacía de la de Honduras (13). Los precios de la zarzaparrilla en Sevilla, en 1568 y 1570, fueron de 1.000 a 375 maravedíes la arroba, y correspondía a la que se traía de España; mientras que la de Honduras se mantuvo en 15.000 maravedíes la arroba. Del 1564 a 1581, Honduras exportó a España 16.307 arrobas (14).

Desde 1550 a 1670 hubo un desarrollo expansivo del cultivo del añil y constituyó un buen negocio para las colonias españolas e individualmente para los indios que trabajaban su propio añil. Pero el apogeo del añil y los pingües negocios que dejaba, ocasionó que los dueños de obrajes

(13)   AGS. Ortega de Melgarosa a S. M. Legajo 97.

(14)   ANHH. Sección Indice General, Legajo 1,803.

ocuparan y explotaran nuevamente al indio y en algunos casos eran alquilados o llevados a realizar un trabajo en condiciones insalubres. Como una medida para este abuso, España estableció un sistema de inspectores de obraje y sus infractores eran castigados. Ese sistema operó en Choluteca y en Tegucigalpa, por ser las áreas de mayor producción de añil; pero este procedimiento, que tuvo su aplicación más severa en 1676, cuando las multas a los infractores empezaron a ser impuestas, vino a producir la caída de los trabajos de añil y la pobreza de Honduras (15). Aunque por un tiempo el trabajo fue ejecutado por esclavos negros, mulatos y mestizos, al ser importados en grandes cantidades como una opción para sustituir al indio (16).

Como atrapados en sus propias redes, la utilización de esclavos negros, negros libres, mulatos, mestizos y vagabundos blancos, atrajo en ellos un clima de hostilidad y de rebelión, y, sobre este ambiente incierto, no hubo manera de controlarlos (17). Pero el negocio del añil fue próspero porque su exportación encontró mercados seguros en Panamá, Cartagena, La Habana y Perú, reportándose que los cargamentos fueron muy considerables (18).

Lo mismo ocurrió con el comercio ganadero, cuyo crecimiento en las provincias de Centroamérica se produjo en las tierras de Honduras, volviéndose dependientes de ella y lo que trajo acompañada su propia contracción económica. Las tierras altas de Comayagua y Gracias a Dios fueron excelentes campos para el ganado, pero esto fue motivo de la rivalidad y la hostilidad (19). La Audien-

(15)   ANHH. Paquete 3, Legajo 51 y 70.

(16)   AGI/AGGG, AI. 2-4, 1571, Folio 97, Carta del Fiscal a la Corona, marzo 30 de 1585.

(17)   ANHH. Paquete 5, Legajo 41.

(18)   AGI/AG 297, Carta de la Villa de San Vicente de Austria a la Corona, marzo 20 de 1709.

(19)   García Peláez. Memorias, Volumen 2, p p. 183-86, 200-223.

cia de Guatemala obligó a los ganaderos de Honduras a suplir del ganado a las otras provincias y determinó la prioridad por conducto de leyes muy severas. El resentimiento no se hizo esperar. A pesar de que los precios del ganado en Guatemala eran más altos que en Honduras, los ganaderos de esta provincia prefirieron no exportarlo, hasta tanto las necesidades internas no fueran satisfechas (20).

Relación de Minas

Una relación de las minas existentes en Honduras (21), hecha al rey de España desde Trujillo, el 24 de agosto de 1590, por Francisco Valverde de Mercado, determinó la riqueza de los minerales, pero que se dejaban beneficiar por la pobreza de los vecinos. Se habla de las minas de Guazucarán o San Lorenzo, que eran "todo vetas de plata", donde se explotaba una sola mina que llamaban "La Enriqueña", ocupando más de 8 negros; muy cerca estaba la hacienda de los herederos de don Francisco de la Cueva, con un ingenio de agua para beneficio de los metales, que molía con dos cabezas y en cada una seis mazos de almadanas de sesenta libras de hierro. Esta hacienda tenía 57 esclavos negros y heredaba la hacienda "La Descubridora", con minas de ley de plata que no se labraban por no tener gente y con capacidad para "ocupar 800 negros y más si los tuviera".

A título de esta mina había otra hacienda, de don Antonio de Agreda, con un ingenio de mulas para el beneficio de los metales que removía con nueve mazos y almadenas de hierro y con 9 negros para el beneficio de las

(20)   ANHH. Paquete 2, Legajo 60 (1672); Paquete 5, Legajo 43 (1695).

(21)   ANHH. Paquete 5, Legajo 66, "Relación de las minas que hay en la Provincia de Honduras", 24 de agosto de 1590.

minas y de otras que no labraban "porque no tienen negros". Las haciendas de Agustín Espínola y Gabriel Bustillo labraban la cuarta parte de la mina "La Enriqueta", con 27 esclavos negros la de Espínola y con 10 la de Bustillo.

Quince leguas de Valladolid estaban las minas en el cerro Santa Lucía, Tegucigalpa, eran de fundición y de beneficio de azogue, con muy buena ley de plata. Había fundadas en este mineral 7 haciendas, ingenios de agua y caballos para moler y fundir y muchos hornos donde mineros pobres disolvían sus metales a mano. Junto a este cerro corría un río que llamaban del oro, con dos ingenios de agua: uno de Juan Moreno, que molía de 100 a 130 quintales de metal cada día y tenía 24 piezas de esclavos, no obstante que requería más de 800; el otro ingenio era de don Diego Suárez, que molía otro tanto con sólo 3 negros y necesitaba 150. Existían otros ingenios, como el de Francisco Banegas, de mulas; el de Alonso de Contretas, de Alonso Mejía y de Diego Hernández, todos de mulas y tan pobres como esclavos que era "cosa tan lastimosa ver que tierra tan rica tenga tan pobres habitantes que no puedan ni siquiera traer sus ingenios y haciendas razonablemente aviados".

A tres leguas del cerro de Guazucarán estaban unas minas que se llamaban de San Marcos, que eran minas muy ricas y tenían a cuatro onzas de ley de plata por quintal, pero estaban despobladas por la pobreza de sus dueños.

Media legua de Valladolid hacia el este estaban unas minas de plata, oro y cobre, que fundían sin ayuda de liga, pero estaban despobladas porque el rey "mandó dar libertad a los indios esclavos" y los negros costaban mucho.

A cuatro leguas de Comayagua había una gran cantidad de minas de buena ley de plata, y desde la bahía de Fonseca hasta el puerto de Caballos era toda tierra de oro y plata y había un río tan famoso, llamado Guayape, doce leguas de San Jorge de Olancho, "que cuando se dio libertad a los indios había 27,000 bateas que sacaban oro", pero estaba despoblado y todavía era tan rico para lavar.

Para esa fecha algunos negros se habían alzado y merodeaban dicho río y "no dejaban bajar a lavar porque es comarca de Tegucigalpa (22), gente por conquistar".

En el cerro de Guazucarán y la mina Enriqueña labraban 111 negros, y en las de Tegucigalpa había 71 esclavos negros y 80 indios que se agregaban cada fin de semana para hacer carbón.

La falta de mano de obra de esclavos negros, en especial, es bastante gráfica y se le describe al rey tal situación para que entienda la pobreza de la tierra y del estado que tenía, "que si se cultivasen las minas y sería pedazo que tanto por tanto no le habrá más rico ni fértil ni de mejor salud en las Indias".

De esa suerte se hace una narración de Puerto Caballos y la bahía de Fonseca como saludables para vivir, no así Nombre de Dios y sus comarcas, "porque las enfermedades son violentísimas y que muchas de ellas en 24 horas se lleva un hombre y como no sean las mujeres negras no se salen preñadas y la que alguna vez lo está lo tienen por milagro, porque las criaturas no se crían, los niños que vienen de España se mueren en muy pocos días".

Para remediar los males del despoblamiento, ante la abundancia y riqueza de las minas, se le señala al rey sobre

Jicaques, fue siempre distinta provincia de la de Tegucigalpa, no obstante que muchos la han confundido. "La Taguzgalpa —dice Juarros—, se extiende por las costas de la Mar del Norte, caminando de O. a E. desde el río Aguán hasta el Cabo de Gracias a Dios; la Tologalpa se halla situada en las mismas costas, caminando de N. a S. desde el referido Cabo de Gracias a Dios hasta el río de San Juan; y divide una provincia de otra el río Tinto. Aunque los habitantes de estas regiones son conocidos con los nombres generales de Jicaques, moscos y Zambos, son muchas las naciones de que se componen: llaman unos Lencas, otros Payas, Alhatuinos, Taguos, Joros, Toos, Gaulos, Iziles, Motucas y otros muchos... unos son blancos, otros rubios, otros negros". De "Compendio de la Historia de la Ciudad de Guatemala", Domingo Juarros, Guatemala, 1857, los beneficios de la contratación y el comercio y le piden 2,000 negros traídos de Guinea para que "se fiasen a los vecinos y habitadores por sólo tres años para pagarlos de los frutos de la tierra". El trabajo de estos esclavos llevaría la "abundancia" a la provincia, la construcción de puentes y caminos. Aquel número de esclavos sería reforzado al poco tiempo con una flota que llegaría de Panamá con otros 2,000 negros "y con los unos y los otros se acudiría a la labranza que era lo más necesario y la mayor parte a la labor de las minas de donde resultaría gran crecimiento a los quintos de V. M."

La búsqueda de nuevos productos de exportación que siguieron al declive del cacao, el principal producto del comercio en Centroamérica, tuvo sus efectos positivos con el auge minero de Honduras, hacia cuyas costas llegaron grupos de inmigrantes de las Antillas, asentándose en el mineral de Guazucarán, el centro que muy pronto, hacia 1.569, atrajo los primeros conflictos de trabajadores, seguidos de huelgas en Comayagua y Tegucigalpa, que juntos sumaban 30 pequeñas minas de plata.

Los puertos marítimos fueron, en ese período, verdaderos centros de operación comercial con el mundo exterior y resultó necesario habilitarlos convenientemente para ese objetivo. Trujillo resultó ser un puerto insatisfactorio, sustituyéndolo Puerto Caballos; pero tampoco éste aprobó contar con facilidades mínimas para el manejo de toda la carga que generaba la provincia de Honduras y el resto de Centroamérica. Puerto Caballos era limitado y peligroso y

Tomo II, p. 205. Lo mismo ha dicho el escritor hondureño, Dr. Alberto Membreño, en su obra **Nombres Geográficos Indígenas de la República de Honduras**, Tegucigalpa, 1901, p. 101: "Se ha creído por mucho tiempo que aquella palabra (Tegucigalpa) es una corrupción de Taguzgalpa, y que significa "cerro de plata"; pero no hay tal. Esta población no formó parte de la Taguzgalpa; y cuando la conquista de la provincia de este nombre, ya Tegucigalpa existía".

113

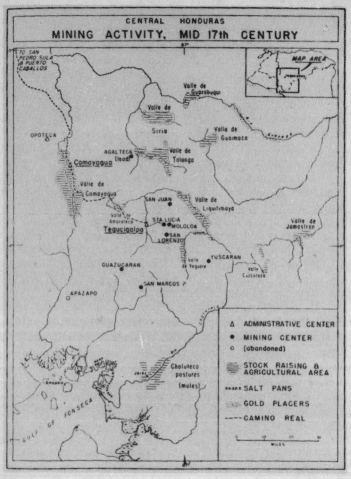

*Relación de minas encontradas en los pueblos de Honduras,
con abundante producción de oro y plata. Mapa tomado
de "The Mining Economy of Honduras during the Colonial
Period", por Robert C. West.*

lleno de parásitos y a penas se convirtió en depósito, con unos pocos almacenes y un puñado de esclavos negros y mulatos enfermos (23). Para Guatemala resultó ser un puerto desventajoso, ya que el camino de Puerto Caballos, vía San Pedro, era largo y torturoso, malográndose el vino y el aceite traídos de España. Pero aún con todas estas desventajas, Puerto Caballos era el puerto principal de la Audiencia, desde 1570 hasta 1604, período en el que desde puertos de Europa se exportaba a Centroamérica, vino, aceite, hierro, manufacturas y muebles y se importaban pieles, añil, plata, zarzaparrilla, cacao y cochinilla (24).

Pastoreo de Indios

La utilización española del pastoreo, por los años de 1570, dio lugar al gran latifundio, con lo cual la población india se fue a vivir a las aldeas grandes y en las colonias llamadas rancherías. También se dio lugar a la cría de ganado, con tanta libertad que se reproducían en las tierras baldías y realengas, multiplicándose con una velocidad extraordinaria que hubo necesidad de racionarlas. Para esos años los ranchos de Honduras producían miel y quesos, que eran embarcados a España para el servicio del rey, dada su calidad (25). El peligro de la abundancia del ganado, producida por la vagancia, se materializó en la invasión de territorios indios, obligando a las autoridades a otorgar licencias para matarlos (26); de otra suerte se les cazaba y

(23)   AGI. Patronato 183-1-6, Folio 2. "Descripción del Puerto de Caballos, hecha por Juan Bautista Antonelli".

(24)   Chaunu and Chaunu. Ob. Cit., p p. 863-65.

(25)   Archivo de Protocolos de Sevilla. Libro del año 1577, Oficio XV, Libro I. Escribanía de Francisco Díaz, Folio 118, 28 de enero.

(26)   ICDI II: 423. El Obispo Pedraza da cuenta de la invasión de ganado al valle de Naco.

se enviaban a otras provincias menos favorecidas, como se hizo con el ganado de Choluteca, que se enviaba a Costa Rica (27).

La nueva élite de españoles que se engendró, a la muerte de los grandes encomenderos y dueños absolutos de propiedades y vidas, dio lugar al reparto de haciendas, y ordenó, a toda costa, el cobro del tributo a los indios. El sistema tributario obligó a los indios a vagar lejos de sus casas para ganar dinero y esto permitió el asentamiento voluntario en regiones despobladas. Crecieron nuevos pueblos y se organizaron mejor los hombres fuertes de la colonia, tras coludirse con oficiales reales, casándose entre familias, estableciendo lazos de compadrazgo, haciendo grandes o pequeños favores y no viendo pequeñas infracciones de la ley.

El tributo era una manera de diferenciar al indio del negro, porque, mientras el indio tenía que pagar un tributo al rey, como reconocimiento de su señorío, el negro quedaba liberado (28). En el Reino de Guatemala quedó fijado ese tributo en dos pesos anuales. Los indios tenían que trabajar duramente para producir y después tributar; el que se retrazaba en el pago recibía penosos castigos (29). Aunque el indio estaba situado en el más bajo estado de la sociedad colonial, el negro esclavo no era considerado sujeto de nada, era un simple objeto del comercio o instrumento de trabajo y por lo tanto no tenía capacidad para tributar. Era un trabajador igualmente explotado que el indio, pero nada significaba para los fines de la tributación. Una ley de 1585, de la Audiencia de los Confines, procedió a tasar el monto de lo que cada tributario tenía

(27)   Fernández Guardia, Ricardo. **Historia de Costa Rica: el descubrimiento y la conquista.** San José, Imprenta Avelino Alsina, 1905, p p. 213-14.

(28)   CH. Haring. **El Imperio Hispánico en América.** Ediciones Peuser, Buenos Aires, 1958, p. 332.

(29)   Fuentes y Guzmán. "Recordación Florida", Tomo I, p. 293.

que pagar y se fijó que los negros y mulatos debían pagar 4 tostones al año, las mujeres 2 tostones; los indios 3 tostones y las mujeres 1 tostón (30). Pero no existen evidencias que los negros lo pagasen.

A fines de 1590 y principios de 1600, existían en la región centroamericana y sobre todo en Honduras varios ingenios azucareros y establecimientos mineros que ocupaban abundante mano de obra de esclavos negros, constituyendo ese extremo un peligro, porque al juntarse conseguían fugarse y formar grupos en rebeldía (31). Preocupados los terratenientes del Ayuntamiento de Guatemala, gestionaron que no se introdujeran más esclavos y que no se permitiera el próximo arribo de dos naves cargadas de negros, "por haber muchos hombres de color" (32); petición que se repitió en los años sucesivos, alegando que no era conveniente la importación de más negros. En octubre de 1620 se elevó una protesta porque algunos comerciantes y mineros se proponían introducir africanos por el puerto de Trujillo (33), temiéndose además que se confundieran con las poblaciones de indios, porque, se dijo, "perniciosos y nocivos" como son, "además de quererlos supeditar y anteceder, les comunican las costumbres y los vicios que no conocen. . ." (34).

En abril de 1582, suscrita en Comayagua por el gobernador Alonso de Contreras, una relación hecha por real cédula de todos los pueblos de la provincia de Honduras y la forma que se tenía en la administración general, informó que para ese año existían 173 vecinos españoles y 5.103 indios tributarios, distribuidos así: Comayagua, 70 españoles, 1,723 indios y 54 pueblos;

(30)   AGDCA. AI. 2. Legajo 2245, Expediente 16190, Folio 182.
(31)   Gage. Ob. Cit.; p p. 184-6.
(32)   Pardo; "Efemérides", p. 41.
(33)   Ibidem.
(34)   Fuentes y Guzmán. "Recordación Florida", p. 44

Gracias a Dios, 30 españoles, 1,769 indios y 66 pueblos; Trujillo, 20 españoles, 413 indios y 20 pueblos; San Pedro, 20 españoles, 415 indios y 30 pueblos; Puerto Caballos, 8 españoles, 60 indios y 3 pueblos; Olancho, 25 españoles, 726 indios y 38 pueblos (35). Para ese año existían ya un número considerable de esclavos negros, pero como no eran tributarios del rey no se les contaba para las estadísticas. Y tributaban al rey aquellos pueblos aún con escasa población indígena, pero que tuvieran cultivos (36).

Un memorial, presentado al rey por Francisco de Valverde, informa que para los años de 1590 y 1595 había en la jurisdicción de San Miguel y Villa de Choluteca, que era comarca del puerto de Fonseca y de la provincia de Honduras, un total de 7,100 indios tributarios, sin mencionar la población negra. El detalle es el siguiente: pueblos sobre la bahía de Fonseca, 1, 439 indios; pueblos sobre Choluteca y Nacaome, 663 indios; pueblos sobre Comayagua y Valladolid, 1,666 indios; pueblos sobre Gracias a Dios, 1,888 indios; pueblos sobre San Jorge de Olancho, 464 indios; pueblos sobre Tegucigalpa, 500 indios; pueblos sobre San Pedro, 376 indios; pueblos sobre Puerto Caballos, 104 indios (37).

La comparación que se logra hacer del número de indios en 1582 y 1590 y 1595 es tan poca que se puede admitir como verdadera la estadística anterior, resaltando nada más el número reducido de indios existentes por esos años y sólo atribuible el despoblamiento a las enfermedades y muertes, que arrancó pueblos enteros.

(35)   BRAH. No. 16, A.2.A. I. Contreras, Madrid.

(36)   AGI. Estante 58, Caja 6, Legajo 25. (1594). Descripción de la Provincia de Guatemala por Juan de Pineda.

(37)   Bonilla, Conrado. Ob. Cit.; p p. 238-245.

La ocupación de mano de obra india y negra está llena de contradicciones, pues, por un tiempo se pide al rey el envío de más negros para el trabajo de las minas y la agricultura, pero otras veces se prohibe su arribo, por ser peligroso. Lo cierto es que bajo todo pretexto hubo grandes importaciones de esclavos negros, como así lo demandó el crecimiento de la producción.

Para los años de 1600 y 1625, las minas de Tegucigalpa estaban en su pleno apogeo de producción y esto requería mano de obra. En 1618 se menciona el arribo de una embarcación de negros llegada a Trujillo, que fue admitida a petición de los mineros de Tegucigalpa, porque el Ayuntamiento de Guatemala se había opuesto a su arribo. Pero dos años después se vuelve a oponer a la admisión de dos naves cargadas de negros, "por ser más de los que se necesitaban". Y por acuerdo del Ayuntamiento de diciembre de 1624 se habla de una arribada de navío con negros esclavos, en que los visitados fueron 182, y fuera de visita otros 212, que se mandaron embargar contra la protesta del oidor Solis, por estar, dice el acuerdo, "la tierra llena de negros" (38).

El año de 1621, siendo don Juan de Espinoza alcalde mayor de Tegucigalpa, informaba al rey de los ricos minerales de la villa y del cerro Santa Lucía, donde se sacaba gran suma de plata, con 4 ingenios para moler los metales; se daba cuenta del descubrimiento de otro riquísimo cerro, que le pusieron por nombre San Juan, el cual tenía de subida, desde el pie hasta la cumbre dos leguas, lleno de minerales y vetas de plata de toda ley, desde dos onzas hasta seis por quintal, de beneficio muy dócil y fácil de labrar y sacar, el cual, también, mostraba tanta riqueza en la superficie de la tierra, con esperanzas fundadas de hallar grandí-

(38) Bonilla, C. Ob. Cit. p. 136.

sima riqueza, siguiendo las vetas al centro y tronco de sus ramas, por lo cual el dicho señor alcalde lo pobló y mandó construir tres ingenios para moler y beneficiar los metales, pero como hacía falta mano de obra, le escribió al rey pidiéndole "enviar a esta provincia 200 esclavos, porque sus Reales Cédulas tiene ordenado y mandado se negocien por su cuenta, para el beneficio de las dichas minas y acrecentamiento de sus reales quintos" (39).

Dos años atrás habían llegado varios naos a Trujillo con 100 quintales de azogue para las minas de Tegucigalpa (40), produciéndose otros envíos hasta 1638, fecha en la que empieza a sentirse la ausencia de navíos a la costa norte de Honduras y que se prolongó hasta 1659, dado que esos puertos se habían resguardado para hacerle frente a los ataques piratas, quienes "corrían aquellas costas como las de sus propios países y sin resistencia surgían y tomaban cuanto había en los puertos". Con la ayuda de la población nativa, los piratas entraban a los puertos y era tanto el apoyo que los indígenas les entregaban "además otros nativos y prácticas de las costas", resentidos como estaban con las autoridades de Guatemala porque "en las juntas de guerra celebradas en Guatemala se trató de despoblarlos y talar sus sementeras, pasando sus naturales al continente" (41).

Si bien el negro esclavo, como se ha dicho, no gozaba de más privilegios que los indios, se conocen repetidas recomendaciones en el sentido de sustituir a los indios por trabajadores negros, tanto por razones de superioridad como por cuestiones económicas y se prefería al negro porque éste les había costado su dinero y porque el trabajo de un negro valía por el de tres indios. Explicándose la situa-

(39)   Vásquez de Espinoza, Antonio; "Descripción de las Minas de Tegucigalpa, No. 3, agosto de 1956, p. 57.

(40)   AGDCA. A 1. 22. Legajo 1514. Folio 230.

(41)   La Gazeta, 15 de noviembre de 1802, Guatemala, Tomo VI, p. 294.

ción de los negros en Centroamérica, se asegura que los españoles emplearon "de preferencia en sus trabajos rurales y servicio doméstico los negros esclavos que conducían de Africa..., sea por vigor físico, cultura de espíritu o cualquiera otra causa, de hecho estuvieron, conservaron y ejercieron superioridad sobre los indios, a pesar de la mayor protección que dispensaron las leyes a éstos" (42).

El testimonio generalizado es que el esclavo negro tenía más capacidad en el trabajo agrícola que el indio, por lo que se escogían con prelación a los núcleos africanos en algunas haciendas. Mannix y Cowley dicen que "la razón por la cual los miembros de muchas tribus africanas (no de todas) pedían ser esclavizados residía en el hecho de haber alcanzado un nivel cultural relativamente elevado" (43).

Todas estas razones hicieron que los precios de los esclavos negros subieran paulatinamente, es decir, el juego de la oferta y la demanda implicó que los precios de los negros se alteraran y esto repercutía en la producción. Datos recabados en documentos auténticos de los siglos XVI, XVII y XVIII, sobre la venta de esclavos negros, demuestran esta aseveración y al comparar los años de 1606 y 1610 encontramos también la variedad de precios por razones de sexo y mestizaje. Los precios de los negros oscilaban en 150, 165, 200, 240, 312, 330, 350, 400, 415, 450 y 500 pesos cada uno. Las negras se vendían en 400, 450, 475 y 500 pesos cada una. Los mulatos en 165, 325, 350 y las mulatas en 250, 460 y 500 pesos. Los precios variaban notablemente entre los negros y los mulatos porque la fuerza de trabajo del negro era considerada mayor; pero las negras valían más porque tenían capacidad

(42)   Martínez Peláez, Severo; **La Patria del Criollo. Ensayo de interpretación de la Realidad Colonial Guatemalteca,**   Sexta Edición, EDUCA, San José, 1978, p. 699.

(43)   Mannix y Cowley. Ob. Cit.; p. 19

de engendrar hijos y con esto el dueño multiplicaba las ganancias (44).

A principios del año 1600 puede notarse un cambio en el cuadro social centroamericano, debido al cruce racial entre negros y blancos y que dio como resultado un tipo mestizo llamado mulato, con preponderancia de sangre africana, que le confería algunos privilegios de casta, mayormente reconocidos en los primeros años de 1700, al vérseles trabajar la tierra, criar y vender ganado y dedicarse al pequeño comercio en tiendas y como vendedores ambulantes (45).

Fraude Minero

El esplendor exportador de la minería hondureña trajo aparejada su propia destrucción, al desarrollarse una serie de prácticas nocivas y fraudulentas, seguido del ingenio del minero criollo, generalmente para seguir perjudicando al indio, propietarios, medianamente, de terrenos donde se denunciaban pequeñas pero ricas minas de plata. Sentó jurisprudencia la denuncia que en 1652 hiciera el indio de Tegucigalpa, Cristóbal Gómez, contra Blas Ferrer, por delito de fraude, al usurparle su propiedad, que registraba una producción de plata. Ferrer había sido consultado por Gómez acerca de la pureza de los minerales encontrados en su milpa y aquel intentó engañarlo y despojarlo, alegando que la nueva mina estaba junto a la milpa de Gómez, no en ella. Pero la justicia del alcalde mayor de Tegucigalpa no se cumplió (46); siguió campeando la deshonestidad y el fraude: la venta de plata privada-

(44)   García Peláez. Memorias, Tomo II, p. 27
(45)   Fuentes y Guzmán. Recordación Florida, p. 27
(46)   ANHH. Paquete I, Legajo 68.

mente sin pagar impuestos reales, el soborno a oficiales reales y el empleo de indios, que estaba prohibido. Este era el escenario de una industria semiautónoma, probablemente orientada a la exportación (47) y con signos evidentes de engaño a la Corona de España, como resultó con la evasión del uso del mercurio para revenderlo en otros mercados (48).

Se había creado una situación de espantoso fraude a la Corona, que tuvo serios efectos negativos en su economía, tanto así que a través de la Audiencia de Guatemala se ordenó que todos los mineros que evadían el pago del "quinto real" o que escondían el oro y la plata quedaban absueltos de toda responsabilidad criminal si ellos declaraban ahora esos efectos. El decaimiento de la industria se hizo notable porque los mineros fueron obligados a usar sus barras de plata como monedas para comprar comestibles y equipo minero básico. Se hizo necesario el envío de inspectores de minas para reportar el estado calamitoso de los centros de producción y las condiciones del comercio. Algunos inspectores siguieron recibiendo sobornos para callar aquella situación, pero otros no (49). La visita que el oidor Gerónimo Gómez realizara a Honduras en 1672 es rica en argumentos de cómo se realizaron escandalosos fraudes.

Como las visitas de los inspectores de minas resultaron efectivas, en 1695 viajó a Honduras el presidente de la Audiencia de Guatemala, Barrios Leal, quien cumplió un itinerario por las minas del Corpus, no obstante que la causa de la visita fue la de neutralizar los disturbios y alzamientos de indios, negros y mulatos. Se encontró que no se observaban las reglas de seguridad en las minas y que proliferaban condiciones del comercio para favorecer a los

(47)   ANHH. Paquete 2, Legajo 78. Paquete 3, Legajo 139.
(48)   AGI/AG 13. Conde de la Gomera a la Corona, 21 de diciembre de 1617.
(49)   ANHH. Paquete I, Legajo 80 (1655). Paquete 4, Legajo 110 (1687).

vagabundos y timadores, ante la abierta complacencia de oficiales reales que aceptaban sobornos, a fin de permitir el abuso contra indios y negros y el monopolio de los comestibles. Se probó que oficiales y clérigos favorecían ese injusto estado de cosas y el visitador dictó sanciones en su contra, aunque no fue capaz de cambiar el sistema básico en las minas (50).

Aunque el uso de indios en los trabajos mineros estaba prohibido, fue el propio rey quien dio permiso el 9 de abril de 1650 para el uso de 100 indios en las minas (51), abriendo el camino para mayores abusos y en una ocasión los exasperados españoles quemaron las chozas de los indios porque éstos se negaron a trabajar en sus minas (52).

La escasez de mano de obra se hizo sentir notablemente y en su búsqueda colaboraban los principales líderes indios; uno de ellos, Diego González, alcalde de San Antonio de Texíguat, fue acusado en 1708 de prestarse al envío de indios a las minas del Corpus (53); y se formularon a la Corona varias peticiones, algunas hasta solicitando 1,600 indios de provincias vecinas y, cuando no se accedía, se les tomaba por la fuerza, por redadas. Un informe de 1700 estableció que 700 indios "payas", más un número no especificado de niños habían sido sacados de las selvas cerca de Comayagua y agregados a otros 100, previamente capturados, para distribuirlos en las minas del Corpus y Tegucigalpa (54). Grupos de indios que huían de las minas de Nueva Segovia eran bien recibidos por los mineros de Tegucigalpa y esto provocó serios problemas con los mineros de Nicaragua (55). La escasez de labor incitó las

(50)   ANHH. Paquete 5, Legajo 10 (1692).
(51)   RABNT. Volumen 8, 1929-30, p p. 65-66.
(52)   ANHH. Paquete 2, Legajo 77 (1673).
(53)   ANHH. Paquete 6, Legajo 21.
(54)   ANHH. Paquete 5, Legajo 66
(55)   ANHH. Paquete 3, Legajos 104 y 106.

distenciones de castas y unido a ello la baja calidad de las minas, la tecnología primitiva y el precio alto del mercurio, la industria minera se vio decaída y arruinada. Las minas de Santa Lucía en Tegucigalpa y La Enriqueña en Guazucarán fueron las que se salvaron del colapso, y el otro grupo estaba compuesto de pequeños mineros, los llamados "güirises", despreciados por los grandes mineros porque se encargaban de hacer subsistir la industria, con la pequeña esperanza de que después ellos se volverían ricos (56).

Con el desgaste de las minas llegó el desarrollo de la agricultura y se cumplió en esta etapa la mayor demanda de tierras para las órdenes monásticas, junto a la utilización de mano de obra esclava. A los mercedarios se les concedieron 16 caballerías cerca de Choluteca, en 1607, una gran concesión para el siglo XVII. Esa era una época en que las órdenes religiosas ejercieron influencia poderosa y actuaron en el comercio como empresarios privados, pues heredaban sus tierras a través de la voluntad de los creyentes, o las compraban como simple operación bursátil. Estas tierras eran arrendadas a los indios, ganando intereses sobre ellas o prestaban dinero a granjeros indigentes (57). Ese sistema de trabajo parece que les reportó grandes ganancias, en consideración al jocoso sistema implantado: azúcar y esclavos.

La agricultura llegó a ser una buena ocupación en Honduras, pero también fue la ruina de los propietarios de tierras. El caso de Mateo Ochoa, un hacendado rico en Trujillo, que poseía 30 leguas de pradera con vasto ganado, tantos que no se contaban, fue famoso porque cuando intentó venderlas para regresar a España, nadie le daba dinero, pese a que rebajaba su precio drásticamente y que

(56). ANHH. Paquete 4, Legajos 64, 66 y 70 (1683). Paquete 6, Legajos 8 (1702). Paquete 6, Legajos 38, 39, 44 (1712).

(57) ANHH. Tierras en Ordenes Religiosas 140 (1607). Tierras. . . 41 (1682). Tierras. . . 173 (1692).

ofrecía entregar, como regalía, 100 esclavos negros (58).
La crisis económica había traído también el contrabando,
sobre todo en el comercio que se hacía en las costas de
Honduras, en pieles, cacao, cochinilla, zarzaparrilla, indido
y otros productos y que llegó a producir un escándalo y a
llamar una junta por el rey, en 1677. Esta junta determinó
que el problema se contraía a tener mejores gobernadores
y castigar severamente a los infractores (59), con lo cual
nada se resolvió.

Como se dijo, de 1638 a 1659 hubo un lapso de 20
años en que prácticamente la provincia de Honduras interrumpió el comercio exterior con España y Perú, al dejar
de venir los navíos a Castilla por temor a los piratas que
infectaban las costas hondureñas. Esta situación mantuvo
a la provincia en estado de calamidad, careciendo de artículos de primera necesidad como el vino y el aceite y
obligando a la práctica del contrabando y el tráfico ilícito.
El 2 de marzo de 1660, desde Comayagua, se levantó acta
con motivo de la llegada procedente de Olancho de un
indio correo con la noticia que había entrado "en el puerto
de Trujillo un nao de ingleses cargada de negros y que los
vecinos del dicho valle de Trujillo no se atrevieron a
comprar" (60) por temor a represalias. Estaban tan
desguarnecidos los puertos de Honduras, asediados por los

(58)   Relaciones Histórico-Descriptivas de la Verapaz, el Manchú y Lacandón,
en Guatemala. Editado por France V. Scholes y Eleonor Adams, Guatemala,
Editorial Universitaria, Volumen 35, 1960, p p. 45-46.
(59)   "Proposiciones del Marqués de Variñas sobre los abusos de Indias,
fraudes en su comercio y fortificación de sus puertos". CDI, 19: 239-304,
p p. 239-241. Ver el escándalo del gobernador de Honduras, don Juan Tomás
Milut, que en 1690 abandonó su cargo en Trujillo y tomó varias embarcaciones
de mercaderías que llegaron de contrabando, para dirigirse a México a reven-
derlas. Antonio de Robles. Diario de Sucesos Notables. Colección de Escrito-
res Mexicanos, México, Editorial Porrúa, S.A., Segundo Tomo, 1946, p. 163.
(60)   AGDCA. AI. 60. Legajo 382, Expediente 3485, Folio I.

piratas ingleses y franceses, que el gobernador Pedro Garay Ponce le pidió al rey, en carta del 30 de abril de 1673, que era urgente fortificar los puertos, pero que previendo un ataque sorpresivo había dispuesto la defensa de Trujillo con "400 hombres españoles mestizos, mulatos y negros", armados con "chusos o picas por no tener armas de fuego" (61). Y ni qué decir del ambiente encontrado por los piratas, porque ellos continuaron destruyendo poblados, robando y matando sin encontrar resistencia alguna.

Cercano al 1700, la provincia de Honduras había cambiado de situación y los españoles favorecían los productos de la ganadería, que desgraciadamente los piratas se los robaban. En 1690 llegaron los piratas a Trujillo y se llevaron todo el bastimento y hasta 22 mujeres, después de cometer atrocidades. Se producía abundante zarzaparrilla, pita, vainilla, achiote, cacao, palo de China y de Campeche, recinas, ganado mayor, maderas para fabricar navíos, mulas y caballos, brea, alquitrán, caña de azúcar y algodón (62).

La prosperidad de Trujillo fue desgraciadamente su propia ruina y la del resto de la provincia, al despertar la codicia de los imperios, que había comenzado a incursionar en Honduras. Un informe del gobernador de Honduras al rey fue lo bastante gráfico para advertir el inminente peligro colonialista. En parte ese informe decía: "En Trujillo hay una porción de pueblos de negros caribes que en el día no bajan de 8,000, y el número de estos negros podía ascender de 8,000 a 10,000 al más, aumentándose prodigiosamente por la poligamia. El año de 1697 en número de 2,000 depositaron los ingleses a estos negros en la isla de Roatán y en el mismo año fueron trasladados a Trujillo, en cuyas inmediaciones están establecidos. Su ejercicio es la pesca y el contrabando, y si Su Majestad no

(61)   AGI/AG. Legajo 16, p. 90

(62)   **La Gazeta,** Guatemala, No. 286, Tomo VI, 22 de noviembre de 1802, Folio 303.

se digna mandar su más pronta intervención es de esperar que en breve se hagan dueños de nuestra costa del norte por sí solos o unidos con los zambos" (63).

(63)   AGDCA. AI. 22.4 Legajo 2644, expediente 22118.

VII.   LOS HOMBRES DE LA BAHIA

El gobierno español se había debilitado en las constantes guerras con Gran Bretaña, Francia y Holanda e incluso había perdido grandes territorios en América, que le fueron arrancados por la fuerza y por el Tratado de Utrecht de 1713. En las negociaciones de paz, que pusieron fin a la guerra de sucesión de España, conservó Felipe V la Corona, a costa de la privación de importantes territorios como los Países Bajos, Nápoles, Cerdeña, Toscana, el Milanesado, Sicilia, Gibraltar y Menorca; además concedió a Inglaterra autorización marítima sobre territorios de América y el privilegio de vender esclavos negros.

Agotada económica y militarmente, España no podía continuar una guerra de desgaste, y para mantener sus derechos sobre toda América se comprometió al Tratado de Utrecht, pero quedaron latentes muchas pretensiones de Inglaterra en provincias incuestionablemente reconocidas como españolas, donde jamás había ejercido actos de soberanía, por ser regiones selváticas e inaccesibles. Inglaterra había hecho una selección de esos territorios, localizados en las montañas de Belice y en el atlántico de Honduras, situadas a poca distancia de la ruta sobre el istmo de Panamá y que cortaba el camino del Perú y Portobello, escenario de los envíos de oro y de las ferias comerciales.

En esas montañas vivían gavillas de pobladores ingleses que se ganaban la vida cortando y vendiendo palo de tinte para las industrias tintóreas. Estos llamados "hombres de la bahía" recibían apoyo estratégico del gobierno de Jamaica y eran verdaderas puntas de lanza del colonialismo inglés.

Por aquel tratado, Inglaterra había creado la Compañía de los Mares del Sur, a fin de obtener grandes beneficios en el monopolio del tráfico de esclavos, a cambio de no realizar negocios ilícitos, lo que no cumplió. Los comerciantes ingleses de Jamaica no querían tener ningún trato con esa compañía, que en parte les arrebataba su actividad comercial, fundada en la importación y corte ilícito de madera de tinte o campeche, en la bahía de la Mosquitia de Honduras.

El monopolio de la Compañía de los Mares del Sur no le simpatizó a España, porque además del tráfico de esclavos negros estaba dedicada a comerciar otros productos que dañaban su autoridad y economía. Se tuvo que crear un sistema de vigilancia en los puertos españoles o coloniales y a ello se opusieron los barcos ingleses y para entretener o engañar esa vigilancia se tuvo que pagar grandes sumas de dinero, que a fin de cuentas no le convenía a la Compañía.

Una ola de indignación se acumuló en Inglaterra y se demandó en el Parlamento compensaciones de España que generaron constantes reclamos e irregularidades sobre la libre navegación. A estos problemas se agregó la cuestión de los cortadores de madera de tinte en Honduras y sobre los límites entre Florida y Georgia: la guerra se hizo inevitable en octubre de 1739. Esa guerra es considerada como el primer enfrentamiento europeo sobre objetivos en el Caribe y que puso frente a frente a España, Inglaterra y Francia, en una verdadera guerra de imperios en defensa de sus intereses por el comercio en América.

El conflicto, que tuvo su clímax en 1740 y 1744, afectó los puertos españoles de Portobello, Cartagena, La Habana y Santiago, y en sus aventuras los ingleses no sólo atacaron posiciones terrestres sino que se apoderaron de un importante botín y dislocaron el comercio español en las colonias. La rivalidad entre Inglaterra y Francia por sus posesiones en las Antillas tuvo la modalidad de un enfrentamiento de competencia en el abastecimiento y comercio del azúcar y que alejó los métodos de la guerra abierta para dedicarse, exclusivamente, a la destrucción de las plantaciones y maquinaria enemiga, incluyendo los trabajadores esclavos, en una operación que buscó asediar las poblaciones y destruir la raíz económica de la producción azucarera.

España tuvo razones poderosas para mantener recelo contra Inglaterra, en particular por la cuestión de los campos de madera de tinte en Honduras y que por el Tratado de Aix-la-Chapelle (1748) debía devolver a España. Ya se había producido (1742) la ocupación inglesa de las islas de Roatán, al mando del mayor Grawford, para proteger el corte del palo de tinte y asegurar el comercio con los españoles de Guatemala. Por este tratado, las fortificaciones inglesas de Roatán quedarían desmanteladas y España prolongaría por 4 años los acuerdos de navegación.

Pero las cosas salieron de otro modo. Los gobernadores de Jamaica continuaron dando apoyo a los residentes ingleses en la Mosquitia de Honduras y se habían aprovechado de la ingenuidad del índio para oponerlo contra el gobierno español. En 1749 la situación se volvió incómoda porque se llegó a nombrar un Superintendente con residencia en el lugar y la actividad de los indios ribereños era de abierta hostilidad hacia las autoridades españolas. Pese al acuerdo del Tratado Aix-la-Chapelle, por el que España aceptó la presencia de los cortadores de madera y respetó sus propiedades, nada de ello quedó aclarado con la terca posición de Inglaterra y esa precaria situación, con la presencia de ingleses en territorio hondureño, continuó disputándose durante los siguientes 20 años.

El 10 de febrero de 1763 se firmó en París un tratado de paz entre España, Inglaterra y Francia, por el que Inglaterra se comprometía a demoler todas las fortificaciones que sus vasallos habían construido en la bahía de Honduras. España se obligó a no permitir que los ingleses o sus trabajadores fueran inquietados con cualquier pretexto que se tuviera, en su ocupación de cortar, cargar y transportar el palo de tinte o de campeche; y para este efecto podrían fabricar sin impedimento y ocupar sin interrupción las casas y almacenes que necesitaren para sí y para sus familiares y efectos (1).

Como estas disposiciones tampoco fueron eficientes para resolver el problema, se firmó un Tratado Definitivo de Paz entre España e Inglaterra, en Versalles, el 3 de septiembre de 1783, con el objeto de explicar, ampliar y hacer efectivo lo estipulado en atribuciones de convenios anteriores y estableciendo un límite de jurisdicción, que prácticamente no pudo resolver la enojosa cuestión; al contrario, se modificaron disposiciones anteriores y se amplió en parte lo dispuesto en otras convenciones (2).

El 14 de julio de 1786 se firmó en Londres una convención entre España e Inglaterra para "explicar, ampliar y hacer efectivo" lo estipulado en el tratado de 1783, pero también dejó sin resolver el problema de la ocupación (3).

Los ingleses se habían fortificado en territorio hondureño de la Mosquitia y lo habían convertido en una Nación aparte, con todos los privilegios de un Estado Soberano. El 16 de diciembre de 1842, el Presidente de Honduras, don Francisco Ferrera, celebró un tratado con el presunto "General of the Mosquito Nation", el inglés Tomas Lowry Robinson, que se creía sucesor del último Rey Mosquito, "con el expreso fin de celebrar un convenio de amistad, alianza y mutua protección, entre el Estado de Honduras y los pueblos que han reconocido como sucesor del Rey Mosquito al mismo General Tomas Lowry Robinson". La traición de Ferrera llegó al extremo de conceder ciertos derechos territoriales y soberanos a Robinson y a la Tribu misquita, pasando por alto, que tanto el territorio como la tribu formaban parte integrante de Honduras (4).

(1)   **Tratados Internacionales de Honduras** Ministerio de Relaciones Exteriores de Honduras. Tegucigalpa, 1954, Tomo I, p. 27

(2)   Ibidem. p p. 35-38

(3)   Ibidem. p p. 43-45

(4)   Ibidem. p p. 459-460

Los ingleses habían conseguido con ello un triunfo esperado y, ya posesionados de singular atribución, tardaron en ejecutarla con medidas adicionales. En 1848, un buque de guerra al servicio del gobierno inglés condujo a la costa de la Mosquitia al señor Patrick Walker, en calidad de Cónsul General de Inglaterra, cerca del jefe de la tribu misquita, a quien impropiamente denominaban Rey y que había sido coronado con la ceremonia de costumbre por las autoridades inglesas de Jamaica.

Las consecuencias fatales del tratado firmado por el "pérfido y criminal" Ferrera no surtieron efectos en la desmembración del territorio hondureño, porque, afortunadamente, el 28 de noviembre de 1859 se celebró en Tegucigalpa un tratado entre Honduras e Inglaterra, que anuló taxativamente la concesión de Ferrera y devolvió, sin reservas, los territorios ocupados a Honduras.

Panorama de la Bahía

Siguiendo investigaciones para proceder al sondeo de bahías, desembarcaderos y la posibilidad de las costas para construir el Castillo de San Fernando de Omoa, el coronel Luis Díaz de Navarro preparó un minucioso informe, fruto de un año de trabajo (1743-1744), donde presentó la situación de la provincia de Honduras. Sobre Trujillo señaló su despoblamiento y aunque no indicó número de habitantes, es muy fácil advertir que predominaban los indios, negros y mulatos. Sonaguera, distante de Trujillo 20 leguas, era pueblo de "mulatos y negros inútiles en el manejo de las armas, cobardes para toda facción de honra y atrevidos para toda maldad". La infeliz calificación señaló que eran los "mayores contrabandistas de toda la provincia y muy desobedientes a la justicia", por cuyo motivo la consideró inhábil. Es decir, no sólo ocupaban al negro para explotarlo en las minas sino que esperaban que sirviera de carne de

Navíos ingleses en acciones de guerra contra las fortifica-
ciones españolas en América fueron frecuentes y gracias al
poderío naval, Inglaterra conquistó varios territorios que
ocupó y explotó largos años. Grabado tomado de
"Historia de las Antillas", por Parry y Sherlock; Editorial
Kapelusz, Buenos Aires, 1976.

cañón y que marchara al frente en la defensa de las ciudades contra la piratería. Y el español, ¿qué hacía? Nada, porque "los más de ellos son tratantes del comercio ilícito, sin exceptuar Eclesiásticos, no siendo los gobernadores y tenientes capaces de remediarlo".

La provincia de Honduras estaba en tan mal estado que no tenía más soldados en toda ella que los milicianos. Las armas que tenían en la cabecera, en San Pedro, en Yoro, en San Jorge de Olanchito y en Olancho, siempre estuvieron en mal estado "porque las necesitaban para huir" (5).

La versión que dio en 1748 Guillermo Pitt, un comerciante inglés sobre la costa norte de Honduras fue distinta, porque habló de Trujillo como tierra fecundísima, muy sana, abundante de pescado, principalmente manaty. Habiendo hecho un recorrido por la región y caminando hasta río Cristales, cuyas ruinas, decía, "aún se dejan ver a pesar de que los ingleses acabaron de arruinarla, cuando tenían poblada la isla de Roatán", él vio que existía una montaña cerrada "por las sabanas de pinares, llenas aquellas de palos moriches, ébanos, granadillos, caoba, cedros". Del otro lado del Aguán hasta la Barra del Limón descollaban montes cerrados y entrando en la Barra con Piraguas se veía por la boca del río a la orilla del mar y que se podía pasar a caballo hasta Paya River, que era la boca de un río de una legua, que se podía cruzar por puente y se caminaba orilla del mar hasta Peñones Chicos. A poca distancia estaba una hacienda-ingenio de azúcar de un inglés llamado Stade y el sitio Seri-Bor", donde habían treinta a cuarenta negros, sin dificultad "en hacer de ellos lo que se quiera". Luego se llegaba al río Sacrelay y se continuaba a la barra del Cric, fácil de vadear a pecho, y su población no llegaba a 20 familias inglesas "con sus negros la mayor parte".

(5)   Relación sobre el Antiguo Reino de Guatemala. Guatemala, Imprenta Nueva de L. Lerna, p. 10

Seguía Blac River y se pasaba un arenal entre la mar y la laguna y del otro lado la población del capitán Hudson y del capitán Louis, que era oficial del Rey; vivía "allí con licencia del hijo del difunto Pitt, dos yernos y otras ocho o diez familias inglesas y otros tantos de mestizos entre los cuales había 400 negros" y le seguía la población "del general Tempiz hasta río Tinto o Negro, con cuatro o seis familias inglesas" (6).

Los establecimientos británicos eran numerosos en 1776, pues toda la costa norte de Honduras contaba con población inglesa predominante en río Tinto. Los zambos y mosquitos eran residentes de los poblados de Bracman y Sandeve, con una población total de tres mil hombres de armas tomar, que constituían la tropa de los colonos ingleses. Estos conservaban las armas en sus casas y cuando querían lanzar a los zambos y misquitos contra los españoles, los emborrachaban y les entregaban las municiones.

Los zambos tienen su origen trágico, pues cuando el pirata portugués Lorenzo Gramaco naufragó en las proximidades del Cabo Gracias a Dios, en septiembre de 1650, se salvaron con él 200 negros que traía de Jamaica y Santo Domingo, y durante los últimos meses de ese año hicieron vida nómada por todo el oriente de la comarca; pero al iniciarse el año nuevo se establecieron al sur de Caratasca y de Brus Laguna, para hacer vida común con los indios misquitos. De la mezcla de ambas razas surgió la tribu de los zambos.

La población inglesa en toda la costa norte llegó, en 1778, a 450, y "disponían de 4,500 esclavos africanos y de 100 indios prisioneros, también esclavos. En cuanto a la población indígena, se calculaba en 10,000 el número de zambos y misquitos de todas castas y edades, sin incluir las numerosas tribus de indios caribes que moraban en lo

(6)   BAG. Octubre de 1941, No. I, Tomo VII, p p. 73-74

interior de los bosques; se gobernaban independientemente y vivían en Palenque" (7).

La población inglesa se había acostumbrado a la región. Al contar ya con un imperio de comercio exportador, estaban dispuestos a permanecer en el lugar, no importando las inclemencias.

El famoso colono Mister Pitt tituló su posesión en la Mosquitia como "Establecimiento de Su Majestad Británica", situado en las márgenes del río Tinto, es decir, a dos leguas de Cabo Camarón. Allí tenía su familia, su mujer y cuatro hijos. Era un hombre de 60 años, muy rico, poseedor de 300 esclavos, entre negros, mulatos e indios. Este sitio, bien fortificado con dos castillos y resguardados por 40 soldados, se mantuvo haciendo comercio, consistente en la compra a los zambos del carey y de los tablones de caoba, que después exportaba a Europa, esto es, revendiéndolos a las embarcaciones que iban rumbo a Jamaica, cargados de ropas, azúcar y aguardiente. En el año de 1759, la situación de Pitt había cambiado, como resultado de la relación hecha por Juan de Lada y Ortega, en informe al Presidente y Capitán General del Reino de Guatemala.

La población establecida había llegado a construir 213 casas cubiertas de palma, inclusive las de los negros. De esta población al río de Mistieri, otro vecindario de ingleses, negros y mulatos, había construido 76 casas. Del otro lado de la laguna, otra villa de Ingleses y negros tenía 51 casas, y, como media legua distante, otra de negros con 77 casas. Otra población de zambos contaba con 14 casas, y a poca distancia del Establecimiento de Pitt habían dos pueblos pequeños. La una era de un inglés de fama, llamado Troxones y la otra era de un negro llamado Antonio

(7)   Gómez, José D. **Historia de Nicaragua, desde la Prehistoria hasta 1860, en sus Relaciones con España, México y Centroamérica.** Primera Edición, Managua, Tipografía "El País", 1889, p. 259

Urbina, criollo de Yoro, que le sirvió a Pitt de mayordomo de su ganado y una y otra tenían 10 casas.

Arriba del río Tinto tenía Pitt 3 casas y más de 60 mujeres. Poco más arriba habían dos ingleses con algunos negros. En todas estas poblaciones habían como 36 ingleses de porte y fama, e inferiores a estos como 70, y como 3,000 indios, zambos y misquitos, todos bien armados y muy diestros en el fusil, al servicio de los colonos ingleses (8).

A la altura de esos años, la guerra de intereses entre los imperios había impuesto una tónica al sistema colonialista: querían impuestos más bajos para el azúcar, esclavos más baratos y prohibición del comercio norteamericano. La Guerra de los Siete Años (1756-1763) había atraído el interés de los mercantilistas hacia otros horizontes económicos, pues querían poblados grandes y ricos como mercados para ensanchar la producción y dejar de comerciar nada más que azúcar y esclavos.

Pero esa Guerra de los Siete Años encareció la vida en toda la costa caribeña y se volvió a la práctica nociva del contrabando y al encono entre comerciantes, dispuestos a cargar con el botín ajeno.

(8)   Bonilla, Conrado. Ob. Cit. p p. 315-316

La guerra de intereses de las potencias europeas hizo de los territorios de América un verdadero campo de batalla, donde Gran Bretaña iba a emplear toda su capacidad y poderío posible, basado en el despacho de una flota de proporciones alarmantes que apareció en las aguas del Caribe, opacando a Francia y España. Las hostilidades que duraron siete años (1756-1763), produjo el hecho más grande, la toma de la ciudad de La Habana y el desarrollo de las economías del resto de las colonias. Cuba recibió el mayor contingente de esclavos negros para dedicarlos a los ingenios de azúcar y después vino el reparto de Dominicana, Granada y las Granadinas, San Vicente y Tobago.

Francia y España se desquitaron la derrota inglesa, cuando, actuando juntas por estrategia, decidieron reconocer la independencia de las colonias norteamericanas que habían puesto fin al colonialismo inglés, y de hecho sostuvieron en firme esa observación, porque también las ayudaron materialmente.

El territorio de Belice se había constituido en zona de disputa entre Inglaterra y España, y cuando los españoles se decidieron atacarlo para recuperar una franja que hacía más de un siglo venían reclamando, la respuesta inglesa no se hizo esperar. La estrategia que utilizaron los ingleses para invadir Belice fue la de atacar el castillo de Omoa, en el norte de Honduras, a fin de emplearlo como punto de apoyo a sus planes expansionistas. Como los ingleses tenían otra ocupación en la Mosquitia de Honduras, no les resultó difícil contar con el valioso auxilio de los zambos y soldados ingleses y seguir en su operación hasta el cabo de Gracias a Dios.

España estaba firmemente convencida de la naturaleza de los puertos del norte de Honduras y se preocupó de dotarlos de una eficiente estructura física, no sólo para que le sirvieran en la defensa del territorio, sino, lo más importante, para convertirlos en puerta de entrada y salida a su comercio.

Castillo de Omoa

La paz entre España con Francia e Inglaterra, por lo menos formal, dio motivo, por real cédula de 17 de enero de 1764, a "quitar la prohibición que hasta esta fecha había existido para comerciar recíprocamente entre los reinos del Perú, Nueva España, Virreinato de Granada y Guatemala" (1). Nuevas disposiciones sobre el libre comercio continuaron emitiéndose, a fin de restaurar en los dominios españoles la agricultura, la industria y la población a su antiguo vigor.

Para dotar al país de plazas fuertes en la costa norte de Honduras, destinadas a proteger la bahía de Omoa, cerca de Puerto Caballos, en donde serían armados los buques para contrarrestar a los piratas, en 1772 se comenzó a construir la fortaleza de San Fernando de Omoa y se concluyó tres años después. Casi un sueño y una necesidad estratégica se había cumplido y se contaba ya con un fuerte respetable en la defensa de la Real Audiencia de Guatemala.

Los españoles pusieron todo su empeño en esta obra y los trabajadores que ejecutaron la construcción, "en sus comienzos fueron blancos, pero se morían en una propor-

(1)   AGDCA. AI. Legajo 15300, Folio 117 al 120

140

ción lastimosa por lo mal sano del lugar. Para sustituirlos vinieron negros esclavos, los cuales quedaron radicados en Omoa y se multiplicaron como por milagro" (2), pero que, por un "sistema defectuoso, que llegó a ser irremediable, de la administración colonial, estos esclavos no eran utilizados en obras públicas, sino que los españoles que allí vivían los explotaban en su propio servicio y beneficio" (3).

Pero el fuerte había entrado en operaciones, no tan inexpugnable, porque el 20 de octubre de 1779 era atacado por una escuadra de 14 navíos ingleses, sin más alternativa que rendirse. Su guarnición era pequeña, compuesta en su mayoría por esclavos negros, armados pobremente y sin preparación en las actividades de la guerra.

37 días duró la ocupación inglesa del castillo, tiempo suficiente para quemar el poblado y apoderarse de los caminos por donde se conducían los caudales del rey y de los particulares.

Habiendo sido avisado del ataque el gobernador de Guatemala, don Matías Gálvez organizó una fuerza importante que llegó a la bahía el 26 de noviembre, y habiendo sitiado el castillo cayó en sus manos dos días después. Los ingleses habían logrado penetrar en la fortaleza, con la ayuda de zambos misquitos y soldados ingleses enviados desde la isla de Roatán, pero al retirarse de Omoa quedaron algunos como prisioneros de los españoles, que después se llevaron como trofeos de guerra (4).

A los sucesos que precedieron estos triunfos españoles, no tardó en volverse crítica la situación porque los ingleses continuaron sus incursiones, aún más violentas. Ellos tenían el plan de cortar Centroamérica desde el Caribe hasta el Pacífico, y alternativamente concibieron

(2)   AGDCA. AI. 60. Legajo 5360, Expediente 45356

(3)   AGDCA. AI. 46.4. Legajo 370, Expediente 3436

(4)   García Peláez. Memorias, Tomo III, p. 97

141

El Castillo de Omoa se convirtió en baluarte español para defender la costa del norte de Honduras. Grabado tomado de "Honduras", Editions Delroisse.

aplicarlos por el golfo de Honduras, a partir de la toma del castillo de Omoa y después caer sobre Belice y hacerse fuertes por el río San Juan.

Una guarnición española en río Tinto había sido asaltada, rendida y pasada a cuchillo por "un convoy de negros mandado por los ingleses Cambell y Juan Smith", llegados en una escuadra inglesa de dos navíos, seis fragatas de guerra, una goleta y dos bergantines, que generalmente penetraban costas hondureñas "por los meses de agosto y septiembre, sin temer a los equinocios" (5).

Don Matías Gálvez no les dio tregua a los ingleses y los persiguió hasta la isla Roatán, que los ingleses habían guarnecido de varios fuertes. Desde Trujillo, donde Gálvez tenía su cuartel general, se armó de 10,000 hombres, incluso de unidades de caballería, por si los ingleses huían a los otros poblados. Reunió varias balandras y goletas, algunas canoas con negros, llamados "piragueros" y escoltóla expedición con cuatro fragatas, una corbeta y cuatro lanchas cañoneras. Con esa superioridad los ingleses tuvieron que rendirse y Roatán cayó el 17 de marzo de 1782. Gálvez permitió a los soldados ingleses que tomaran camino a Jamaica y él también siguió camino hacia la región del río Tinto, a la Mosquitia de Honduras, donde habían guarniciones enemigas, persiguiéndolos tierra adentro.

Ya para 1784, Omoa y Trujillo habían sido habilitados como puertos principales para el libre comercio, y, de inmediato, una vez recuperada su economía, se reglamentó el pago de los impuestos a las mercaderías.

Varias familias de escasos recursos económicos, originarias de las provincias de La Coruña y de islas Canarias, fueron trasladadas a las costas hondureñas, previa la firma de un contrato, pero tan pronto llegaron fueron víctimas de las enfermedades. Los que lograron sobrevivir pasaron días muy amargos; no se acostumbraron al duro trabajo y

(5)   García Peláez. Memorias, Tomo III, p. 98

le reclamaron al rey sobre las promesas de tierras, pues lo que habían encontrado "sólo era trabajo para los negros", pese a que éstos se convirtieron en sus protectores en los momentos difíciles de fuertes lluvias e inundaciones. Los nuevos colonos habían llegado a esas tierras con ofertas tentadoras, pero no sabían que los recibirían la temporada de las lluvias, tan interminables y copiosas que caían sin cesar día y noche, hasta convertir las tierras en pantanos y en criaderos de mosquitos que transmitían la malaria, obligando a la gente a vivir encerrada en los techos. Expuestos a ahogarse y viendo que sus casas se anegaban, pudieron salvarse gracias a "que al amanecer los negros de las piraguas (los) llevaron a las casas de alto donde beben los oficiales" (6).

Trujillo es alentado para convertirlo en poblado próspero; llegó una emigración europea (7), con ánimo de hacer fortuna rápida, lo que aparentemente lograron. Atendiendo a las necesidades de la provincia y a las ventajas de los reales haberes de España, los pobladores españoles de río Tinto solicitaron al rey la compra "por cuenta de S. M. de 200 negros, que con sus respectivos oficiales formen dos compañías que instruidos alternativamente sirvan a la defensa del puerto y se dediquen a piragüeros

(6)   AGDCA. A. 46-4. Expediente 1170, Legajo 101

(7)   En los últimos años del siglo XVIII, el Marqués de Santeciere, originario de Francia, fundó en Trujillo una finca que por mucho tiempo fue conocida con el nombre de Punta-Marqués. Este personaje llegó a Trujillo durante la época de la emigración de la nobleza, esto es, antes de 1792, en una pequeña embarcación, transportando varios esclavos negros y todas las piezas de un ingenio, comprado en New Orleans, para organizar una plantación de caña. Antes de la independencia el Marqués emprendió viaje a Europa, falleciendo en La Habana; dejó una hija natural, la señora Guadalupe Salazar, que murió en Trujillo el años de 1863. Crónica de Juan Soto Mayor, en Semblanza de Honduras, por Rafael Heliodoro Valle, Imprenta Calderón, Tegucigalpa, 1947, p. 45

y a otras atenciones" (8).

El libre comercio entre las provincias de América había sido promulgado por ley y se mandó formar un reglamento (9) con nuevas disposiciones sobre aranceles de árbitrios y derechos de todos los géneros, efectos y frutos que se embarcaban de España a América y los de ésta hacia España. En esa corriente comercial se produjo, durante los años de 1789 a 1793 un flujo de barcos a los puertos de Trujillo y Omoa, con una relación de mercaderías que iban con la más variada gama de artículos: alhajas, cera, cristalería, mercería, lanas, sedas, droguería, hierro, caldos, libros, papel loza, zapatos y botas; y con mercaderías que salían como: añil, oro, plata, zarzaparrilla, bálsamo, cueros curtidos, mazos de cigarros, algodón y mechas de papelillo. Con Nueva España y Perú el intercambio comercial se intensificó, como también se reanudaron con vehemencia los pedidos de esclavos negros, y en 1796 se dispuso el envío de Santo Domingo de un regular número de negros.

Un voraz incendio destruyó varias casas de Trujillo los días 5 y 6 de abril de 1796, "por cuyo motivo quedaron sus habitantes sin donde vivir y para cubrir las imperiosas necesidades se dio principio a construir galeras de bahareque cubiertas de tejas con cimientos. . . y se determinó el citar a los negros nuevamente venidos a que llegaran como peones a los trabajos que se ofrecían por la necesidad de gentes" (10).

Al año siguiente volvieron los piratas a incursionar por Trujillo, conduciendo dos navíos de guerra y un bergantín; pero esta vez recibieron fuerte resistencia de los soldados españoles, que ya se encontraban bien aprovisionados de armamento. Los piratas ingleses que trataron de huir salieron con dirección a la isla de Roatán, pero fueron

(8)   AGDCA. AI. 46. Legajo 102, Expediente 1191
(9)   AGDCA. AI. 2. Legajo 1531, Folio 86
(10)   AGDCA. AI. 46.4. Legajo 104, Expediente 1246

Fuerte de Trujillo, que resistió invasiones de piratas es ahora mudo testigo de los días de gloria que tuvo aquel pueblo. Grabado tomado de "Honduras" Editions Delroisse.

interceptados y capturados, junto con 289 negros caribes que les hicieron compañía. Por esa acción los soldados españoles fueron gratificados por el rey, habiéndole correspondido al comandante Javolois "una medalla de oro y siete de plata, con el busto Soberano, al comandante y oficiales por su honroso y envidiable distintivo" (11).

El 20 de mayo de 1799 se produjo otra incusión de piratas ingleses a Trujillo, siendo también repelidos por la guarnición española. Esta vez los negros caribes formaron fila defensiva con los soldados españoles y lucharon con entusiasmo, "porque tenían ganas de pelear contra los ingleses", haciendo "uso del fusil o machete" (12).

Hubo un intento, por esos años, de trasladar la ciudad de Comayagua, capital de Honduras, hacia el sitio de Tencoa o Santa Bárbara, alegando que aquella era una ciudad insalubre y, porque hallándose Comayagua con poca población, con la catedral casi arruinada por los temblores, sería mejor edificarla en un sitio sano, con muchos y caudalosos ríos para fomentar la agricultura y el comercio.

Si bien es cierto que la villa de Comayagua estaba despoblada, por la extracción de gente que se hacía para resguardar los puertos de Omoa y Trujillo, por otra parte la ciudad seguía teniendo proporciones ventajosas; se hallaba colocada en un dilatado y hermosísimo valle y producía exquisito pescado, de dos caudalosos ríos, así como excelentes canteras para la construcción y se aseguraba que había mármol negro y todo género de hortalizas y legumbres. La idea no prosperó, y más bien se pidió que podría trasladarse a Comayagua la Casa de Moneda que se hallaba establecida en Guatemala, no solamente para dar fomento a la capital de Honduras, sino también porque estando ésta inmediata a los minerales de Tegucigalpa se

(11)   **La Gazeta**, Guatemala, 17 de mayo de 1797, Folio 113

(12)   **La Gazeta**, Guatemala, 18 de junio de 1799, No. 109, Tomo III

ahorrarían los mineros de los costos que hacían para conducir sus platas en barras hasta Guatemala para su amonedación.

Siendo que la jurisdicción de los nuevos establecimientos que se habían fundado en la costa norte de Honduras, así como en el puerto de San Fernando de Omoa, estaban directamente bajo las órdenes del presidente de la Real Audiencia de Guatemala, el desarrollo de esas instalaciones ameritaron el cambio, a partir de 1814, para que esos puertos, con los demás establecimientos de la costa norte, quedaran bajo la inmediata inspección en lo político y militar, del Gobierno e Intendencia de Comayagua.

Número de Habitantes

A principios de 1800 la población de Honduras había disminuido por las graves enfermedades, hecho que más afectaba a los esclavos negros por vivir en los montes. Solamente en la isla de Roatán, donde los "ingleses inhumanos" habían arrojado a los negros caribes, existía un número de 4,000, "y los negros franceses remitidos de Santo Domingo en año de noventa y seis, habían disminuido al número de 200 almas". A una legua de distancia se encontraba la población de "negros ingleses en número de 300 almas", con poca religión y todos practicaban el contrabando y existía el temor "que dentro de pocos años con tantos negros, que se propagaban en poligamia, según progresión bien subida, no cabrán en la costa norte; y en este caso levantarán cabeza perdiéndose los puertos del Reino". Y el temor era justificado "porque los indios zambos (eran) también negros, como hijos de tales, y con facilidad forman con ellos alianza luego que se comunican por los montes y habrá más que una grey, desde el Golfo de Fonseca hasta el Cabo de Gracias a Dios, continuando por el río San Juan, Costa Rica y Veragua".

La población negra que llegó a la costa norte de Honduras dejó el grupo de los "garífunas, con fascinante folclore, representa la tradición de una vieja cultura.

Las razones para temer el crecimiento poblacional de los negros estaban relacionadas con la actitud demostrada por los ingleses, que trataron siempre de atraerse a los negros para disponerlos contra los españoles, a la vez que les suministraron armas y ropas a cambio de su trabajo.

El contrabando fue su mejor negocio y los zambos sirvieron de enlace para distraer la atención de los oficiales españoles. Todo ello contribuyó a la ruina de la provincia, pues la extracción de la plata no se hacía por temor a sufrir los asaltos en el trayecto a los puertos. El remedio para tantos males, creyeron los españoles, podría ser "limpiar de negros toda esta costa, mandándose cumplimiento a la Real Orden" que autorizaba llevarlos a las colonias de origen", a fin de quitar de este Reino una gente, sólo buena para sí, inútil para nuestros trabajos como se está experimentando y nociva por los recelos expuestos".

El pavor a los ingleses, a su penetración constante en el territorio, fue lo que en definitiva provocó la ira de las autoridades españolas y lógicamente culparon a los negros como peligrosos, a los que debió eliminarse. No otra cosa justificó su política de exterminio de los negros, porque la provincia siguió siendo rica en minerales y la mano de obra del esclavo era indispensable. El informe al rey señalaba que el patrimonio real en Honduras eran "las ricas y abundantes minas que se halla (ban) a cada paso en todas partes, de las cuales se laboraron algunas en otro tiempo superficialmente, sin orden ni método seguro para su prosecución". Aprovechándose de estas circunstancias, le pidieron al rey "que se auxilie a los mineros no sólo con indios traídos de cualquier distancia pagándoles los días que ocupen en ir y venir a sus pueblos". Le solicitan que se provea a los mineros españoles del rescate para el cambio de plata y oro, pues "por falta de estos fondos sucede que estos abandonan sus minas o disminuyen sus labores, o también se ven obligados a dar sus metales al comercio por ropas a precios ínfimos perdiendo mucho de su ley".

Considerando que se había agravado el despoblamiento y que aumentaba la holgazanería, como también el número de hijos que nacían abandonados como "fruto del pecado", se pidió al rey, por convenir a sus intereses "y al bien público", que se volviera a establecer el sistema de repartimiento de indios, "al cuidado y cargo de los jueces, sobre cuyo proyecto se fijarían reglas muy sabias, para que los pobres sean maltratados y peor recompensados en sus tareas y los jueces no graven sus conciencias con el trabajo ajeno" (13).

Ciertamente que la provincia de Honduras había caído postrada económicamente; nada se producía en abundancia y los negros padecían hambre y acoso. Para 1811, según Juarros, Trujillo contaba con una población de 4,00 habitantes, de los cuales tres cuartas partes eran negros que crecieron vertiginosamente, porque en 1816 habían unas 10,000 personas en ocho pueblos caribes, "aumentados prodigiosamente por la poligamia" y dedicados a la pesca y al contrabando (14).

Aquel informe presentado al rey, abogando por la ayuda a la provincia de Honduras, dio resultados, y el mismo fue del agrado del Monarca, habiendo emitido una orden real, el 3 de octubre de 1813, para que se llevara a cabo las recomendaciones y se contribuyera "a la ejecución de las benéficas intenciones" (15).

Pero nada de esto sirvió porque la opulencia tan deseada ya no la hubo, el comercio dejó de florecer y no volvió a verse "mucho vecindario rico, cuando andaban muchos coches por las calles, cuando se juntaban en las Ferias de Añil y Ganado dos o tres millones de pesos", que

(13)   BAG. Tomo XI, p. 121. Visita hecha a los pueblos de Honduras por el gobernador intendente, don Ramón de Anguiamo, año de 1804.

(14)   AGI. Audiencia de Guatemala, Legajo 422, Informe de la provincia de Honduras, 1816, Folio 5

(15)   BAG. Octubre de 1941. Tomo VII, No. 1, p. 146

atrajo la atención de los españoles, y con la abundancia de oro y plata que se halló llegaron "tantas gentes que de repente se encontró poblada" la provincia. Los muchos españoles "que en poco tiempo se hicieron ricos fundaron Capellanías y obras pías, a cargo de los Padres Franciscanos, cuyos capitales dieron a rédito a otros muchos que estaban sin ocupación, y levantaron con ellos un sin número de haciendas de cacao y cañaverales, que junto con los demás frutos que tan feraz terreno proporcionaba se hacía un comercio muy activo desde el puerto a los demás que de todo carecían" (16). Pero esto fue puro espejismo.

Las desgracias que padecía la provincia eran reales, pues la capital de Comayagua, con sus minas, con sus frutos y producciones, con los ríos navegables que se internaban hasta 40 y 50 leguas, era la única que podía dar el nervio a todo el Reino.

El giro del comercio de las provincias centroamericanas había pasado por una notoria disminución, a consecuencia del contrabando y por el saqueo que hicieron los piratas en 1816 del castillo San Felipe del Golfo Dulce. Por esta causa se dejó de percibir un renglón comercial de cerca de medio millón de pesos, obligando a la Sala Consular de Guatemala a tomar varias providencias, entre las que se destacó que se trajeran "negros de Trujillo y Omoa", a quienes se debería repartir tierras de labor en las orillas de la laguna, mientras no se rebelaran, a fin de defender los intereses del comercio, así como "celar el contrabando" y evitar el que se radicaran en él "los enemigos del Estado (17).

Hasta la declaración de independencia (15 de septiembre de 1821), la ruina económica de la provincia siguió su

(16) AGDCA. AI. 37 Legajo 2335, Expediente 17517. Informe del gobernador intendente de la provincia de Honduras, fechado en 1818

(17) Escritos de José Cecilio del Valle. Publicaciones de la Oficina de Relaciones públicas, Presidencia de Honduras, Tegucigalpa, 1972, p. 269

letargo, agravándose con la nueva situación política, porque los españoles propietarios de tierras y dueños de esclavos quedaron sin incentivos y prefirieron emigrar. Muchas de las familias aristocráticas, cuya riqueza acumulada había sido hecha con el producto de las minas de plata, repentinamente se sintieron desamparadas y amenazadas y se trasladaron a España y La Habana. Los negros que habían trabajado las minas como esclavos se convirtieron mediante un decreto legislativo en personas libres, y los pocos mineros, desanimados con los impuestos, abandonaron sus labores.

Al amparo de la naciente pero débil República, llegaron otros mineros, levantando nuevas tiendas al arrimo de las flamantes leyes que daban "en concesión", que sólo se diferenciaban de la forma, porque la explotación continuó.

Aunque el decreto legislativo que abolía la esclavitud en Centroamérica representaba el más genuino y valiente testimonio de respeto a la personalidad humana, lo cierto es que los intereses clasistas pelearon sus privilegios y retrasaron por un tiempo la entrada en vigor de la novísima ley, y otros, los más audaces, abogaron dentro de la asamblea por una legislación amañada que mantuviera a flote sus ya precarias prebendas.

La Asamblea Centroamericana, convocada por mandato del Acta de Independencia del 15 de septiembre de 1821, se reunió el 22 de junio de 1823 y de inmediato entró a conocer el problema de la libertad de los esclavos. En el debate se abrió la polémica de varios vecinos del puerto de Trujillo, defensores de la libertad de los esclavos, pero reclamando una ley que no irritara los establecimientos de negros de Belice, Jamaica y La Habana, porque el Estado naciente debía "caminar con mucho tino en todo lo que tenga relación o influencia con las relaciones extranjeras"; y sin olvidar, decían, que el valor de los esclavos "es una propiedad de los individuos de los mismos Estados, que los posee, adquiridas de buena fe, apoyada en expresas leyes de una inveterada costumbre". Pugnaban que debiendo ser libres los esclavos en Centroamérica se dejara en libertad a los Estados para que cada uno acordara la indicada libertad "por el orden de justicia y que más convenga al Estado" y que a la indemnización del total valor de los esclavos, en general de los Estados Federados, deberían contribuir todos por el mismo orden, de manera que si un Estado tenía muy pocos esclavos que otro no sufriera uno más gravamen que los otros.

Las penosas discusiones llegaron incluso a valorizar a un esclavo joven, fuerte y viejo, en distinta escala de indemnización. Estas polémicas le llevaron a la Asamblea hasta seis meses, siendo cortada el 31 de diciembre, fecha en que el Presbítero José Simeón Cañas expuso su humanitario sentimiento, diciendo: "Vengo arrastrándome y si estuviera agonizando, agonizante vendría por hacer una proposición benéfica a la humanidad desvalida. Con toda la energía con que debe un diputado promover los asuntos interesantes a la Patria, pide que ante todas las cosas y en la sesión del día se declare ciudadanos libres nuestros humanos esclavos, dejando salvo el derecho de propiedad que legalmente prueben los poseedores de los que hayan comprado, y quedando para la inmediata discusión la creación del fondo de indemnizaciór de los propietarios... La Nación toda se ha declarado libre, lo deben también ser las partes que la componen. Este será el Decreto que eternizará la memoria de la justificación de la Asamblea en los corazones de estos infelices que de generación en generación bendecirán a sus libertadores: más, para que no se piense que intento agraviar a ningún poseedor, desde luego, aunque me hallo pobre y andrajoso, porque no me pagan en las Cajas, ni mis réditos ni las dietas, cedo con gusto cuanto por uno y otro título me deben estas Cajas matrices para dar principio al fondo de indeminización arriba dicho" (18).

(18)   López Jiménez, Ramón. **José Simeón Cañas, Libertador de los Esclavos en Centro América.** Boletín Informativo, ODECA, San Salvador, 1967, No. 41

DECRETO HISTORICO DE LA ABOLICION
DE LA ESCLAVITUD

"LA ASAMBLEA NACIONAL CONSTITUYENTE de las Provincias Unidas del Centro de América, teniendo presente: que el sistema de Gobierno, adoptado en esta República, en nada se distinguirá del antiguo peninsular, si desde luego no desarrollase los principios de igualdad, libertad, justicia y beneficencia en que deben constituirse todos los ciudadanos que forman estos Estados: considerando también que sería muy ofensivo a la rectitud de un Gobierno liberal no volver los ojos hacia la porción de hombres que yacen en la esclavitud ni procurarles el restablecimiento de su dignidad natural, la posesión de la inestimable dote de su primitiva libertad, y la protección de sus verdaderos goces, por medio de las leyes; y deseando combinar en lo posible la indemnización de los actuales poseedores con la libertad de los que se hallan abatidos en aquella triste condición, ha tenido a bien decretar y decreta lo que sigue:

Art. 1.— Desde la publicación de esta ley, en cada pueblo son libres los esclavos de uno y otro sexo, y de cualquier edad, que existan en algún punto de los Estados Federados del Centro de América, y en adelante ninguno podrá nacer esclavo.

Art. 2.— Ninguna persona, nacida o connaturalizada en estos Estados, podrá tener a otra en esclavitud, por ningún título ni traficar con esclavos dentro o fuera, quedando aquellos libres en el primer caso; y en uno y otro perderá el traficante los derechos de ciudadano.

Art. 3.— No se admitirá en estos Estados a ningún extranjero que se emplee en el enunciado tráfico.

Art. 4.— Se ratifica el contenido de las Cédulas y Ordenes del Gobierno español, por las que se disponen que se hacen libres los esclavos, que de reinos extranjeros pasen a nuestros Estados, por recobrar su libertad;

sin perjuicio de lo que se arregle sobre el particular, por tratados de nación a nación.

Art. 5.— Cada Provincia, de las de la Federación, responde respectivamente a los dueños de esclavos de la indemnización correspondiente, bajo las reglas que siguen:

1a.— Los dueños de esclavos menores de doce años, que estén en el caso de deber ser indemnizados, con respecto al padre y madre de éstos, no deberán serlo por la libertad de dichos menores. Los que deban percibirla por razón de solo el padre o madre, no tendrán más derecho, con respecto a dichos menores, que a la mitad de lo que a justa tasación valieren éstos. Los amos que, por haber libertado graciosamente a los esclavos padres, no deben percibir indemnización por ellos, deberán percibirla por los menores de doce años, hijos de éstos, en el valor íntegro de dichos menores. Los dueños de esclavos menores de doce años, que los hayan adquirido por título oneroso, deben ser indemnizados a justa tasación, como con respecto a los mayores de dicha edad.

2a.— Los dueños de esclavos mayores de doce años, lo serán en el modo y términos que previene el reglamento formado a este intento.

3a.— Por los esclavos que pasen de cincuenta años, no se podrá exigir cantidad alguna por vía de indemnización.

Art. 6.— Se creará en cada Provincia, con los arbitrios que se señalarán, un fondo destinado únicamente para indemnizar a los dueños de esclavos naturales, o vecinos de ella, que estén en el caso de ser indemnizados. La colectación y administración de estos fondos, correrá a cargo de la Junta de indemnización que habrá en cada Provincia; formada en los términos que prescribe el reglamento.

Art. 7.— Las causas pendientes sobre esclavos que estén en el caso de que sus dueños puedan ser indemnizados, se continuará y se fenecerán en los Tribunales y Juzgados donde pendan, para el solo efecto de que puedan percibir la indemnización de los daños de ellos; pero sobreseerán en las de esclavos por cuya libertad, según esta ley, no deba prestarse indemnización.

Art. 8.— Los dueños de esclavos, que no la exijan, estando en el ocaso de poderla pedir, según esta ley, serán heredados por testamento, o ab-intestato de la tercera parte de los bienes de los que fueron sus esclavos, no teniendo éstos descendientes legítimos o naturales.

Art. 9.— Los dueños de esclavos no deberán negar los alimentos a éstos cuando pasen de sesenta años, si quieren permanecer a su lado, ni podrán exibir de ellos otros servicios, que los que les dicte su comedimiento.

Art. 10.— Cualquier dueño de esclavos que después de publicada la presente ley en el lugar o pueblo donde residan éstos, les exija algún servicio forzosamente o les impida acudir a la Municipalidad más inmediata u obtener el documento de libertad, será procesado y castigado con las penas establecidas para los que atentan contra la libertad individual; y perderá el derecho de ser indemnizado por la respectiva Provincia del valor de aquel liberto contra quien atentó.

Comuníquese al Supremo Poder Ejecutivo para su cumplimiento, y que lo haga imprimir y circular.

Dado en Guatemala, a 17 de abril de 1824.

ABREVIATURAS USADAS EN ESTA OBRA

AGGG.   Archivo General de Gobierno de Guatemala, Guatemala.

AGDCA.   Archivo General de Centroamérica, Guatemala.

AGI.   Archivo General de Indias, Sevilla.

AGI/AG.   Archivo General de Indias, Audiencia de Guatemala.

AGS.   Archivo General de Simancas, Sevilla.

ANHH.   Archivo Nacional de Historia de Honduras, Tegucigalpa.

BRAH.   Biblioteca de la Real Academia de Historia, Madrid.

BAG.   Boletín del Archivo General de Gobierno, Guatemala.

RABNH.   Revista del Archivo y Biblioteca Nacional de Honduras, Tegucigalpa.

ICDI.   Indice de la Colección de Documentos Inéditos de Indias, Madrid.

MEMORIAS   García, Peláez, Francisco de Paula; Memorias para la Historia del Antiguo Reino de Guatemala, Tipografía Nacional, Guatemala, 1943.

INDICE

Este libro se terminó de imprimir
en los talleres gráficos de la
Editorial Guaymuras, S. A., en el mes
de junio de 1987. Su tiraje consta
de 2,000 ejemplares.